平凡社新書
1071

入門講義
現代人類学の冒険

里見龍樹
SATOMI RYŪJU

JN196615

HEIBONSHA

はじめに

みなさんこんにちは。７日間の連続講義、「現代人類学の冒険」を始めたいと思います。[1] 担当講師の里見と申します。この講義では、人類学をはじめて学ぶ人たちのために、この学問がどのような歴史をもっていて、それが現在どのように変化しつつあるのかについてお話しします。とくにこの「変化」に力点を置いて、現代の人類学がいかに揺らぎ、変わりつつあるのか、その中でどのような人類学を実践すればいいのかをみなさんと一緒に考えたいと思います。なお、この講義で扱うのは一般に「文化人類学」と呼ばれる分野ですが、なぜ私が「文化」という言葉を避けるかについては３日目の講義でお話しします。

この授業は大学１～２年生を中心としたものなので、これからどのような学問分野を専門にしようか、まだ定まっていない人が多くいると思います。私としては、そのようなみなさんに向けて、ぜひとも「現代の人類学では、こんなにおもしろいことをやったり考えたりすることができる！」ということを伝えたいと思っています。たとえば哲学や文学の本を、部屋にこも

カヌーで海に出る南太平洋ソロモン諸島の少年たち

ってじっくり読むのもいいでしょう。しかし、私自身がそうしたように、時に世界の辺境と呼ばれるような場所に行って、現地の人たちと深く関わり合うことでも、新しいことを考え、他者との間にこれまでなかった関係をつくり出すことができます。私たちをとらえている、ありとあらゆるバイアスやステレオタイプから少しでも自由になるために、そして、他者との関係を少しでも自由で開かれたものにするために、人類学は現在でも役に立つと私は信じています。そのことをみなさんに示したいと思っています。

この講義では、人類学の歴史と現在を単に一般論として、あるいはキーワードの羅列として学ぶのではなくて、私自身の南太平洋でのフィールドワークを追体験するようにして学んでもらいたいと思っています。講義の中でじっくりお話しするように、私自身は、熱帯林に覆われ、海岸に沿って見渡す限りサンゴ礁が広がる南太平洋の島で、合計1年半にわたって現地の人たちと暮らしました。そうして、さまざまな語りや出来事に出会うことを通して、たとえば「歴史とは何か」、「自然とは何か」といった大きな問いについて自分なりに考えてきました（5日目・7日目を参照）。それが私の人類学です。大学の教室を飛び出して、何か月も何年もかけて野外で哲学的な問題を考えるなんて、こんなに自由でダイナミックな学問は他になかなかないのではないでしょうか？　講義の中でもお話しするように、大学で教えられ研究されているいろいろな学問の中でも、人類学は、そのようにフィールドワークにとことんこだわるという点でちょっと変わった性格をもっています。その点で、ともすれば忘れ去られてしまうようなマイナーな、「はじっこ」の学問だと言えます。私としては、そのようなマイナーな学問の魅力や過激さ、自由さをみなさんに伝えたいと思っています。

「現代人類学の冒険」という授業のタイトルには、まさしくそのような私の思いが込められています。この「冒険」という言葉にはいくつかの意味が含まれています。第一に、人類学者が行うフィールドワークは、しばしば世界の辺境と呼ばれるような地域に赴くものであり、時に冒険旅行のような性質をもちます。私自身がそうした冒険をしてきたことは講義の中でじっくりお話しします。第二に人類学は、いわゆる「異文化」の中に深く入り込んでいくことで、それまでの自分の常識を問い直すような性格をもっています。その意味で、人類学を学び、実践するとは、何が正しいのかわからない領域に突入することであり、知的な冒険であると言えます。そして第三に、講義の中でお話しするように、とくに現代の人類学は、それまでのこの学問のあり方がさまざまに見直されてきた結果、「いったいどのような人類学をやればいいんだろう？」という暗中模索の状態にあります。その意味でも、今、人類学をやるということは一つの知的冒険であると言えます。この講義のタイトルに込められているのは、講義を受けているみなさんにも、そのような冒険を体験してもらいたい、というメッセージです。

それでは、7日間の講義を始めましょう。

入門講義 現代人類学の冒険●目次

1日目

人類学は
どのように変化しつつあるか？

カヌーを漕ぐアシの青年

太陽の塔

それでは、1日目の講義を始めたいと思います。[1]

さっそくですが、みなさんは「太陽の塔」という芸術作品をご存じでしょうか？　こちらの写真（次ページ）にあるように、一度見たら忘れられないような独特で強烈な造形ですね。岡本太郎という芸術家がデザインしたもので、1970年に日本万国博覧会、いわゆる大阪万博の会場で公開されました。大阪万博の会場は、現在は万博記念公園として保存されていて、「太陽の塔」もそこで見ることができます。ちなみに、「太陽の塔」のすぐ近くに、国立民族学博物館という日本を代表する人類学の博物館があり、世界各地から集められた展示品を見ることができるほか、研究のために日本中の人類学者たちがそこに集まります。国立民族学博物館に行って「太陽の塔」の前を通り過ぎるとき、私はいつも、強烈で謎めいた造形のこの塔こそが日本の人類学の守護神なのだと感じます。

しかし実は、「太陽の塔」と人類学の関係はそれだけではありません。先ほども触れたように、この塔は、1970年の大阪万博の際に、テーマ館の一部として建設されました。だいぶ昔の話ではありますが、大阪万博についてはみなさんご存じでしょうか？　アジア地域初の万国博覧会と言われ、6400万人を超える来場者を集めた盛大な催しで、「人類の進歩と調和」

太陽の塔（https://upload.wikimedia.org/wikipedia/ja/a/a3/131116_Tower_of_the_Sun_Expo_Commemoration_Park_Suita_Osaka_pref_Japan01s3.jpg より、撮影：663highland）

という全体テーマを掲げていたことも、みなさん聞いたことがあるかもしれません。さて、この万博では、入り口を入ってすぐのところに、「大屋根」と呼ばれた鉄骨製で近未来的なデザインの建造物があったのですが、「太陽の塔」は、この「大屋根」を突き破るように立っていました。このことからしても、この塔をデザインした岡本太郎が、何か挑発的で反抗的な意図をもっていたことがうかがわれますよね？　これほど有名な芸術作品については、現在までいろいろな解釈が提示されてきました。ただ基本的には、岡本太郎が、万博の進歩主義的な理念に反発し、そうした理念には収まらないような生命の野放図なエネルギーや、近代的合理主義に回収されないワイルドな創造性を表現しようとしたというのが通説です。言い換えると彼は、万博の会場に、当時多くの人が信じていた「進歩と調和」の理念とは異質な要素を持ち込もうとしたわけで、そうしたねらいが、見た人がぎょっとするような特異な造形に表れていると言えるでしょう。

さて、人類学との関係はここからです。実は、岡本太郎は人類学に非常になじみの深い芸術家で、そのことがこの「太陽の塔」という作品にも表れています。彼は青年時代、著名な漫画家と作家だった両親に連れられてパリに移住し、現地で先端的な芸術家や思想家と交流しました。１９３０年代のことです。彼は、フランス人類学の父の一人と呼ばれるマルセル・モースの講義を受けていましたし、また、人類学を吸収して近代的な合理主義を乗り越える思想を生み出そうとしていたジョルジュ・バタイユという思想家とも交流しました。実際、この時代のヨーロッパの先端的な人類学に岡本太郎ほど深く触れた日本人はほとんどいなかったのではないでしょうか。

私が言いたいのは、岡本太郎のこのような人類学的バックグラウンドが、他ならぬ「太陽の塔」にも表れているのではないか、ということです。たとえば、この塔は写実的ではない謎めいた「顔」を複数もっていて、彼が近代西洋における写実主義的な芸術を相対化する意図をもっていたことは明らかです。さらに言えば、先ほども言ったように、岡本太郎は、「人類の進歩と調和」というテーマに反発して、近代的な進歩主義や合理主義に対立する土俗的で呪術的な像としてこの塔を制作したと言われています。見た人が「何だこれは？」とぎょっとするような造形によって、技術と経済の発展を無条件に信じる進歩主義に染まっていた当時の日本社会に対して警鐘を鳴らしたとも言えるでしょう。私が言いたいことは、まさにそのように人々の常識を揺さぶる姿勢にこそ、岡本太郎がフランスの人類学から学んだものがあったのではないか、ということです。その意味で「太陽の塔」は、そもそも人類学とはこれまで何だったのかを端的に象徴する守護神的なモニュメントであるように思われます。

さて、岡本太郎と「太陽の塔」を例にとることでみなさんにお伝えしたいことが、少しずつわかってきたでしょうか。岡本太郎が1970年にそうしたように、主流の社会を生きている「私たち」にとっての常識を問い直し、そのような「当たり前」の内側と外側の境界線に、あるいはその外側にあるかもしれないものに目を向けるのが、まさしく人類学である、と言えるのではないでしょうか。これからお話しするように、かつての人類学は、西洋的な近代社会に属さない、当時「未開社会」と呼ばれた社会について研究していました。現在でも、私のような人類学者は、下手をすれば「そんな遅れた社会について研究して何になる」と言われかねませんが、それでは、なぜ人類学者はそのような「未開社会」を研究してきたのでしょうか？

その理由の一つは、そうした社会の人々は、人類学者と読者が生きている近代的な社会とは異なる原理の中に生きているがゆえに、近代的な社会やその土台にある思考を見直す手がかりを与えてくれるはずだ、ということにあったと言えるでしょう。具体的には、そうした人々と深く関わり合うことを通して、宗教とは、経済とは、政治とは、芸術とは何なのか、といった根本的な問題を問い直すことができる、と考えられてきたのです。

7日間の講義でお話しするように、人類学は基本的に20世紀に生まれた学問ですが、20世紀において人類学は、ある種の「対抗文化」(カウンター・カルチャー)としての意味をもっていたと言えます。「対抗文化」という言葉を聞いたことがあるでしょうか? すなわち、世の中でその都度支配的な考え方に対して異議申し立てをする、マイナーで反逆的な文化や知のあり方です。多くの人が「進歩と調和」を信じていた時に、岡本太郎が「ちょっと待て、それでいいのか!?」と言って謎めいた呪術的な像を建ててみせたように、「太陽の塔」もまさしくそうした「対抗文化」であったと言えます。そのように人類学は、社会の主流から外れる考え方をつねに追究するものであり、一つの学問分野ではありますが、あくまで近代的な学問における「はじっこ」の性格を帯びてきたと言うことができます。

私の考えでは、近代というのは、進歩や合理性を単純に信じる時代ではなくて、進歩や合理性に回収することのできない暗い部分についてもつねに同時に考えずにはいられない時代です。フリードリヒ・ニーチェという哲学者が、理性や秩序に回収できないエネルギーを「ディオニュソス的なもの」と呼んで重視したことや、ジークムント・フロイトの精神分析が、人間を、直視することのできない「無意識」を抱え込んだ存在として描いたことなどに、そのことが表れています。大阪万博における大屋根と「太陽の塔」の関係も、そのような近代の「表面」と「裏面」に重ね合わせることができるでしょう。そして人類学は、たしかに一面で、そうした近代の「裏面」を引き受けてきた学問だと言えます。その結果として人類学は、この講義でもお話しするように、研究方法や表現形式において、しばしば通常の学問的なスタイルの外にはみ出ることになりました。「太陽の塔」がまさしくそうであったように、人類学を専門としない人たちが見て、時にぎょっとするかもしれないようなマイナーでワイルドな学問が追究されてきたわけです。

それでは、人類学が20世紀を通して帯びていたようなそうした対抗文化としての性格は、現在どうなっているのでしょうか？　みなさんに考えていただきたいのはこのことです。この講義でじっくりお話しするように、近代から完全に切り離され、原始的な生命力に満ちた「未開社会」がある、という考え方は、現在では疑われるようになっています。だとすれば、人類学はどうなるのでしょうか？　私たちにとっての「当たり前」を問い直すという性格は、今でも生きているのでしょうか？　現在なお、マイナーで反逆的な学問は可能なのでしょうか？　こうした問題を、7日間の講義を通して、みなさんと考えていきたいと思います。

人類学とは?

さて、ここであらためて聞いてみたいのですが、みなさんは「人類学」と聞くとどのような学問をイメージしますか？　人類学は、基本的に大学に入ってはじめて学ぶことができる学問分野ですよね。みなさんはどのようなイメージをもってこの授業を受けているのでしょうか？　ちょっとマイクを回して聞いてみましょう。

――えーと、「〇〇族の文化」を研究するのが人類学、というイメージがあります。先生も先ほど「未開社会」とおっしゃいましたけど。

――人類学というのは「文化」の研究ですよね。だから、神話とかお祭りとか芸能とか、伝統文化の研究が人類学だと思っていました。

――「人類」という大きい言葉が入っているので、全人類の文化を比較するのが人類学だと思います。

――えー、フィールドワークをする学問だというイメージがあります。私もフィールドワークに興味があるので受講しました。

ありがとうございます。どれも的を射ていると思います。フィールドワークをすることで、個別の地域の「文化」を深く研究する学問。そして、単に一つの地域を研究するだけではなくて、そうした知見を総合して全人類の「文化」について考えようとする学問。たしかに人類学にはそうした性格があります。

みなさんが言ってくれたことを、私なりにまとめてみましょう。まず、7日間の講義を通してキーワードになる「フィールドワーク」と「エスノグラフィー」についてです。「フィールドワーク」は、特定の地域や人々を対象にして、多くの場合住み込みで長期間にわたって行う実地調査のことと定義しておきましょう。他方で「エスノグラフィー」は、日本語では「民族誌」と呼ばれますが、フィールドワークに基づいて、特定の地域や人々について詳細に書いた文章のことです。後でお話しするように、現在の人類学では研究対象は「民族」とは限らないので、この授業では「民族誌」ではなく「エスノグラフィー」という呼び方を使いたいと思います。

なお、長期間のフィールドワークを行って詳細なエスノグラフィーを書く、という人類学の研究スタイルは、今から１００年くらい前に始まったというのが通説です。ポーランド出身のブロニスワフ・マリノフスキという人類学者が、１９１０年代にメラネシア（南西太平洋地域）のニューギニア島の東端の沖に広がるマッシム諸島でフィールドワークを行い、その成果を１９２２年に『西太平洋の遠洋航海者』というエスノグラフィーとして出版しました（２日目を参照）。[2] この本は、単身で長期間のフィールドワークを行い、その成果を詳細なエスノグラフィーとして発表するという研究スタイルの最初期のものと言われています。マリノフスキは、マッシム諸島の島々の間で、貝殻製の腕輪と首飾りがバケツ・リレーのように繰り返し受け渡され、島々の間をぐるぐると回り続ける「クラ」という慣習について詳細に報告しました。彼は、島と島を結ぶ「クラ」がマッシム諸島の諸社会を結び合わせていること、またそれが、経済、政治や芸術、宗教を結び付ける複雑な社会制度として成り立っていることを描き出しました。それが『西太平洋の遠洋航海者』の内容です。そのようなエスノグラフィーによって、彼は、「人はいかなる動機で行動するのか」といった経済活動や合理性についての私たちの常識を問い直すことができると考えていました。そうした批判的な性格は、先ほどお話しした岡本太郎の「太陽の塔」にも通じますね。

さて、その後現在に至るまでの１００年の間、人類学者はフィールドワークとエスノグラフィーの執筆を通して、二重の課題に取り組んできたと言うことができます。すなわち、一方で人類学者は、フィールドワークを通して、たとえばマッシム諸島のような個別の地域における人々の生きざま、つまりはこれまで「文化」とか「社会」と呼ばれてきたものを深く理解しようとしてきました。しかし、人類学者の仕事は、単に個別の地域について詳細に記録し理解することではありません。先ほども「全人類の文化」と言ってくれた人がいましたが、フィールドワークとエスノグラフィーを通して、人間の「文化」や「社会」と呼ばれるものの多様性や複雑性、あるいは、そうした多様性の背後にある普遍性や共通性を幅広く理解することも、これまで人類学者の仕事でした。個別の地域を深く理解することを通して、人類の「文化」や「社会」一般についての洞察を得るという二面的な作業。狭い研究と広い研究の両立を目指すこと。それが人類学者の仕事だったと言えます。

ここでもう一点付け加える必要があります。先ほど、人類学は「〇〇族の文化」について研究する学問でしょう、と言ってくれた人がいました。たしかに、かつての人類学は多くの場合、「〇〇族」と呼ばれるような人々が住んでいる地域、言い換えれば、比較的伝統的な生活が維持されているように見える、欧米の近代的社会以外の村落社会を研究対象としていました。今では使われなくなった言葉ですが、かつてはそうした地域社会は「未開社会」と呼ばれていて、たしかに、かつての人類学は「未開社会」を研究する学問だと自己定義していました。お察しの通り、最近では「グローバル・サウス」などとも呼ばれるこれらの地域を「未開社会」と呼ぶことは差別的であり、現在ではそうした言い方は決してされないのですが。

それでは、なぜかつての人類学はいわゆる「未開社会」を研究していたのでしょうか？　一つの理由として、ある社会が未開であればあるほど、その社会は人間の根源的な姿をとどめている、と考えられていたことが挙げられます。人類学者ではないですが、社会学の父の一人とも言われるエミール・デュルケームは、マリノフスキのフィールドワークと同じ20世紀のはじめに『宗教生活の基本形態』という本（1912年）を書いています。[3]その中でデュルケームは、もっとも原始的な民族の一つと当時のヨーロッパで考えられていたオーストラリア先住民に宗教の根源を求めるという議論をしています。今から見れば、「オーストラリアの先住民は世界でもっとも原始的である」とか、「彼らの宗教は人類の宗教のもっとも根源的な形態をとどめている」といった議論は、ヨーロッパ人における偏見や思い込みでしかないのですが、そうした偏見がかつての人類学者にもあったことは否定できません。

しかし、それ以上に重要と思われるのは、いわゆる「未開社会」が近代のヨーロッパに対してもっていた思想的インパクトとでも言うべきものです。3日目の講義でも言及しますが、15世紀末以降のヨーロッパの人々にとって、南北アメリカ大陸の先住民との出会いは大きな衝撃でした。たとえばイスラム教徒はヨーロッパのキリスト教徒にとっての「他者」であると言えますが、しかし、イスラム教徒がいることはヨーロッパ人にとって既知でした。それに対してアメリカ大陸の先住民は、そのような人々が存在すること自体知られていなかった、非常に強い意味での「他者」であると言えます。この時期以降、ヨーロッパ人たちは、当時「信仰も、法も、王もなき人々」と呼ばれたアメリカ大陸先住民をどのように「人間」として理解することができるのか、思想的な試行錯誤をすることになります。たとえば、みなさんはあまりなじみがないかもしれませんが、社会契約論で有名なジャン＝ジャック・ルソーの『人間不平等起源論』を見てみると、本文中でアメリカ大陸先住民についての当時の情報がたくさん引用されています。[4] 18世紀の本です。そのように、アメリカ大陸先住民という異質な他者、その後の人類学の用語で言えば「未開社会」を理解すること、それによって自分たちの「人間」理解を更新していくことは、まさしく近代ヨーロッパにおける思想的な課題であったわけです。近代の人類学のルーツは、一つにはこうしたところに見出すことができるでしょう。ところで、「未開社会」の思想的インパクトという話は、今日のはじめにご紹介した「太陽の塔」の対抗文化性にも通じますね。

このように見てくると、かつての人類学に、どのような地域でどのようなフィールドワークを行い、どのようなエスノグラフィーを書けば人類学の研究になるか、そうした研究にどのような意義があるかについての、暗黙の想定が共有されていたことがわかります。つまり、非西洋圏の「未開社会」、つまり、伝統的な生活様式が維持されているように見える、比較的小規模な村落社会で、長期間のフィールドワークを行い、それをもとにして、現地の「文化」や「社会」の全体をカバーするようなエスノグラフィーを書くという想定がそれです。そしてそのような想定は、だいたい1970年代頃まで人類学者たちに共有されていたと言えるでしょう。そしてそれ以後、主として1980年代頃から、この想定に基づく人類学の研究スタイルに対する根本的な見直しの動きが起こります。そのような動きは現在でも続いていて、この講義で言う「現代人類学」とは、だいたいこれ以後の状況を指しています。

揺らぐ人類学

それでは、20世紀末以降、人類学はどのように変わってきたのでしょうか。もっとも大きな流れとして、ちょうど今お話ししたような、「ローカルでエキゾチックな異文化の研究」というこれまでの人類学のあり方から脱却しようとする動きが挙げられます。たとえば、2002年にはイギリスで『エキゾティック・ノー・モア——最前線の人類学』という論文集が出版されています。[5] この本は、「世界の辺境に見られるエキゾチックな異文化の研究」というこれまでの人類学のイメージから脱却することを目指したもので、そこでは、難民、開発援助、医療、宗教的原理主義、臓器売買といった、現代の社会問題に直結するようなテーマが扱われています。この本のねらいは、そのような社会問題に対して実際的な貢献をなしうる新しい人類学の姿を提示することにあったと言えるでしょう。結果的にこの本は、現在の人類学は、「〇〇族の神話」とか「××島の親族関係」ではなく、そのような「現代的な」テーマを扱うのだ、というメッセージを発するものになっています。同じように、2009年にはアメリカで、『フィールドワークはもはやかつてのそれと同じではない』というタイトルの論文集が出版されています。[6] そこでは、「ナイジェリアにおいてHIV対策に関わる政策と社会運動」、「アジア通貨危機の前後における韓国のベンチャー資本」、「アメリカにおける人間の遺伝子の多様性調査プロジェクトに対するインド系移民の反応」といった研究テーマが紹介されています。もはや必ずしも民族集団を単位としておらず、また、しばしばローカルな現象とグローバルな動きを結び付けている点で、これらはマリノフスキ以来の古典的な人類学からはかけ離れたフィールドワークの事例と言えるでしょう。

日本の事例も見てみましょう。2021年に出版された『文化人類学のエッセンス――世界をみる／変える』という本は、現代の人類学を概観させてくれるとてもよい教科書です。[7] この本は14章からなりますが、扱われているテーマは「貧困、自然災害、うつ、感染症、性愛、アート、人間と動物、食と農、自分、政治、自由、分配と価値、SNS、エスノグラフィ」となっています。「人間と動物」や「食と農」、あるいは「政治」や「分配と価値」といったテーマならば、伝統的な人類学でも扱うことができたかもしれません。しかし、「うつ」、「感染症」

や「SNS」については、みなさんも「それが人類学のテーマになるのか？」、「いったいどんなふうに研究するのだろう？」と思うのではないでしょうか。以上のような例を見てくると、現代の人類学が、先ほどみなさんが答えてくれたような伝統的な人類学のイメージとはだいぶ違ったものになっているということがわかっていただけるのではないでしょうか。

それでは、20世紀末の人類学に生じたのはどのような変化だったのでしょうか？　この時期に、伝統的な人類学から脱却しようとする動きが生じたことには、多くの理由があります。たとえば、20世紀後半に世界各地で植民地の独立が進み、その後、西洋以外の地域の出身である知識人たちによって、西洋中心の近代的な文化や学問のあり方に対して異議申し立てが行われるようになりました。このような動きを、専門的には「ポストコロニアリズム」と言います。その中で、主として西洋出身の学者による非西洋地域についての一方的な研究であった人類学のあり方も、問題視されるようになります。また植民地体制や、世界を資本主義圏と社会主義圏に色分けしていた冷戦体制が崩壊したことにより、世界中にさまざまな「民族」とその「文化」がパズルのピースのように並存しているという世界の見え方も大きく揺らぐことになりました。さらに、1990年代頃からは、経済的なグローバル化が進む中で、世界各地の産物が地域を越えて流通し相互浸透するようになりました。一例として、いわゆる「エスニック・フード」の国境を越えた普及を考えてみればわかるでしょう。さらにその後は、インターネットをはじめとする情報技術の進展によって、グローバルな情報の流通が飛躍的に進みます。そのような変化の中で、それぞれ独立した「文化」という単位が集まって世界ができている、というそれまでの人類学的なイメージ（3日目を参照）は必然的に疑問視されることになります。さらに、より最近では、地球温暖化をはじめとする環境問題の深刻さが認識されるにつれ、人類学を含む人文・社会科学もそれを無視することができないという認識が強まってきました。もはや「文化」や「社会」だけが人類学の研究対象ではないというわけで、これについては7日目の講義で扱います。

いかがでしょうか。このような変化の中で、現代の人類学の研究対象は、西洋以外の地域の「未開社会」あるいは「伝統的社会」である必要はなくなりました。同じように、「文化」を共有しているとされる一つの「民族」が研究の単位となる必要もありません。このことは、先ほど何冊かの本を例に見た通りです。実際、今からお話しするように、私が大学院の人類学コースに入った頃も、同世代の大学院生たちには、科学技術や医療、移民・難民、災害復興といった新しいテーマを選ぼうとする学生が多かったように思います。さらに、「エキゾチックな異文化」の研究から遠ざかろうとする動きは、2020年以降、新型コロナウイルス感染症の流行によって海外渡航が一時困難になったことによって、いっそう強められたように思います。遠方の「異文化」ではなく、身近なものに人類学的なまなざしを向けるのが現代の人類学だ、というわけです。このような動きについて聞いて、みなさんはどう感じるでしょうか？

人類学を学ぶ

さて、次にお話ししたいのは、そのような現代人類学の展開を背景にしつつ、私自身がこれまでこの分野をどのように歩んできたかということです。私は現在大学で人類学を教えていますが、私が人類学を学び始めたのはかなり遅く、たしか27歳くらいの時でした。それまでは社会学や社会思想史を専門にしていて、大学や大学院で人類学の授業をとったことは一度もありませんでした。その時期になってなぜ人類学に転向しようと思ったかと言うと、要するに大学院進学後、研究がだんだんうまく行かなくなったからです。おそらく無計画な進め方のせいだと思いますが、その頃、研究は完全に行き詰まっていました。大学院を退学して就職しようにも、採用面接で「なぜ大学院をやめようと思ったのですか？」と聞かれて、「社会学の研究をしていましたが、うまく行かなくなったからです」と答えるわけにはいかないと思われました。何かポジティブなことを言える必要があります。そこで、もう20代の後半でしたが、最初で最後のやり直しをする必要があると考えるようになりました。もちろん、当初は自分が世界のどこかで人類学的なフィールドワークをするなんて、夢にも思っていませんでした。

この頃人類学を選んだ大きな理由は、人類学がゼロからやり直しができる学問だと思ったからです。他の学問ではそうはいかないでしょう。たとえば哲学であれば、膨大な外国語の文献を読んだ経験がなければいけないでしょう。フランス語やドイツ語はもとより、ギリシア語やラテン語だって必要かもしれません。外国語が必要なことは文学でも同様です。あるいは経済学であれば、経済学理論を一通り知っていなければいけないし、そもそも数学もできないといけません。そうした分野と比べれば、人類学は、長期間のフィールドワークを通して、ある意味では自分を空っぽにして、何もないところから自分の学問をつくっていく学問であると、その頃の私には思えました。実際そうですよね。他の人はどうか知りませんが、私はフィールドワーク中は学問的な本を決して読みません。それだけ現地の生活に没入しているわけです。ふつう、学問というのは知識を積み上げていく営みなわけですが、人類学はまったく逆に、フィールドワークを通して、それまで積み重ねてきた知識や常識をいったん手放すような営みであると言うことができます。例えて言うなら、本棚にどんどん本を並べていくのがふつうの学問であるとすれば、人類学は本を並べる本棚自体を定期的に叩き壊してしまうような学問だと言えるでしょう。「自分を空っぽにする」と言ったのはそういう意味です。まさしくその意味で、ゼロからやり直せる分野は人類学しかないと思ったわけです。

　その頃、まったく偶然に手に取った本に、精神科医で作家の野田正彰さんが書いた『狂気の起源をもとめて――パプア・ニューギニア紀行』（1981年）という古い本がありました。[8]この本は、ニューギニアを旅し、現地で精神疾患とされる人たちに会うことを通して、人間の精神とその病の奥底を見ようという旅行記です。正直なところ、現代の人類学から見れば、学術的に疑問のある本だと言えるでしょう。先ほど触れたデュルケームの場合と同様、ニューギニアが低開発国だからといって、そこに行けば「狂気の起源」を見ることができる、ということにはなりません。しかし当時の私は、人間精神の奥底を見ようとする探究と、熱帯の空気に満ちた紀行文とが混じり合ったこの本に魅了されました。そして、私もこのような旅をしてみたい、というか、しないままで終わることはできないと思いました。そんな出会いもあって、社会学系の大学院はけっきょく退学してしまい、20代の終わりになって、私は人類学に転向することになったわけです。

その後まもなく、野田氏の本の舞台でもあるメラネシアで、現地の経済生活の変容について調べるという研究計画書が、ある民間財団の研究助成に採用されました。先ほど触れたマリノフスキのエスノグラフィーにも見られるように、メラネシアは、贈り物などの交換を通して人々が自他の間にどのような関係性をつくり上げているか、という観点からの研究が数多くなされてきた地域です。それまで社会学や社会思想史を勉強していたので、当時の私は、経済人類学と呼ばれるそうした研究分野がとっつきやすいと感じており、試しに研究テーマとして設定してみました。それにしても、研究成果を論文などのかたちで発表したことがなかったどころか、人類学の勉強さえほとんどしていなかった私が研究助成に採用されたのは奇跡的と言わざるをえません。実際、この時の研究計画書には、メラネシアのどこでフィールドワークをするのかも明示していませんでした。「何の準備もできていないのに、本当にフィールドワークができるのだろうか？」と、喜ぶよりもむしろ困惑したことを今でも覚えています。

その後、フィールドワークを実現するためには、現地を知っている人たちにアドバイスを仰がなければいけないと考え、日本各地の人類学者たちを訪ね始めました。それと同時に、調査地を決めるために、2008年3～4月に、助成金を使ってメラネシア諸国をはじめて訪ねることも計画し始めました。はじめてメラネシアに渡航する1か月くらい前、ニューギニアの隣に位置するソロモン諸島での調査経験の豊富なある大学の先生を訪ねたところ、「自分の知り合いで、首都ホニアラのホテルで働いているマライタ島出身の男性がいる。彼に連絡をとってみればいいだろう」と言われました。マライタ島というのはソロモン諸島を構成する島々の一つです。当時の私は、「どこでもいいから、行き着いた場所でフィールドワークをすればいいのだ」と思っていたので、この男性に「マライタ島の文化について研究したいと思っている」というメールを送りました。すると、しばらくして、「ぜひ来てください。お待ちしています」といった調子の返事が返ってきました。ソロモン諸島に着いてみると、彼は勤め先のホテルで私のことを待っており、さらに準備のいいことに、マライタ島への旅に同行してくれる甥《おい》の青年まで紹介してくれました。そうして、驚くべき急展開ですが、はじめてソロモン諸島に着いたわずか数日後には、現在まで私の調査地となるマライタ島の村に身を置いていたのです。

マライタ島へ

今言った通り、私がこれまでフィールドワークを続けてきたのは、ソロモン諸島のマライタ島という島です。日本から太平洋をずっと南に向かっていくと、オーストラリアの手前にニューギニア島があり、その東にソロモン諸島が位置しています。ソロモン諸島という国の首都ホニアラはガダルカナル島にあるのですが、この島は太平洋戦争の激戦地として有名なので、みなさんも名前を聞いたことがあるでしょう。私の調査地であるマライタ島は、ガダルカナル島のほぼ隣に位置する島です。

なお、ニューギニアやソロモン諸島などのメラネシア地域は、話す人が少ない無数の言語が混在していることで知られています。マライタ島の場合、2009年の時点で13・8万人くらいの人口だったのですが、この人たちが、数え方にもよりますが11前後もの言語を話していると報告されています(2日目を参照)。マライタ島の面積は、調べてみると福井県と同じくらいです。みなさん、福井県の中に異なる言語が11種類も存在していたらどうでしょうか? そのように私は、山一つ越えたら別の言語が話されているような島でフィールドワークをすることになったのです。

さてマライタ島は、島の大部分が熱帯林に覆われた島で、道路や電気が通っている地域はごく一部です。多くの人は、サゴヤシという植物の葉で屋根や壁を葺《ふ》いた住居に住んで、イモ類の焼畑農耕やサンゴ礁での漁業を中心とする自給的な生活を営んでいます。移動のために首都などに滞在していた日数も含めるなら、私はこれまでソロモン諸島で、合計で約18か月間のフィールドワークを行ってきました。

２００８年3月、はじめてのマライタ島訪問で私が案内されたのは、マライタ島の北東岸に位置するフォウバイタ村という村でした。[9] マライタ島の北東岸には、東西1〜4キロ、南北30キロ以上にわたって広大なサンゴ礁が広がっているのですが、このサンゴ礁の中には、現地でアシまたはラウと呼ばれる人たちがサンゴのかけらを積み上げて築いた島々が点在しています。現地で日常的な呼び方にならい、この授業ではこの人々のことを「アシ」と呼ぶことにしましょう。マライタ島の言葉で、「アシ」とは単に「海」のことです。２００８年以来、私は自分たちを「海」と呼ぶ人たちのところでフィールドワークをすることになったわけです。なお、現代の人類学では、調査対象である人々を「○○族」と呼ぶことはしない傾向があります。なので、この授業でも「アシ族」という言い方はしませんので注意してください。ところで、なぜ「○○族」という呼び方が最近避けられるのかわかりますか？

——えー……「○○族」という呼び方自体に、「野蛮で原始的な部族」っていうニュアンスがあるからじゃないですか？

おー、そうですね、私もそれが一番の理由だと思います。現代の人類学がいわゆる「異文化」をどう見るかという問題は、3日目の講義でも扱うので、覚えておいてください。

さて、アシの人たちが建設し住んでいる島々は、これまでの研究では「人工島」（アーティフィシャル・アイランズ）と呼ばれてきました。マライタ島の北東岸に沿って広がるサンゴ礁には、合計で90個以上のそうした島々が点在しています。私がフィールドワークをした時点で、そのうち70個以上におよぶ島々にはそれぞれ数人から数百人の人たちが暮らしていて、その他に無人になっている島も十数個ありました。また、私のフィールドワーク中も、新しい島の建設や今ある島の修築や拡張などの作業が行われていました。現地の言葉で、サンゴ礁の海と密接に結び付いた、これらの島や海岸部での暮らしのことを、「海での暮らし、海に住まうこと」（トーラー・イ・アシ）と言います（アシとサンゴ礁の関わりについては6日目と7日目を参照）。

マライタ島に西洋からの訪問者が継続的に来るようになったのは19世紀後半のことですが、それ以来、「なぜアシの人々は人工の島に住んでいるのか？」ということが、訪問者にとっての謎であり続けてきました。みなさんはどう思いますか？　アシの人たちは、どのような理由があって海の上に住んでいるのでしょうか？

——えーっと、土地が足りないから、仕方なしに海に住むようになった、とかでしょうか。

なるほど、考えられる理由ですね。ただ実際には、過去も現在もマライタ島の内陸部の人口密度はごく低いので、残念ながらちょっと違います。そちらのあなたはどうですか？

——じゃあ、戦争で負けて陸から追い出されたというのはどうでしょうか。

これもありそうですね。当たらずも遠からず、といったところでしょうか。アシの島々と戦争の関係については、5日目の講義であらためてお話しします。ただ、今のお二人の答えを聞いてちょっと気になるのは、どちらにも、「人は土地の上に住むのが当然」、「海の上に住んでいる人は、何か理由があって仕方なくそうしている」という想定が感じ取れることです。本当にそうでしょうか？「人は土地の上に住むのが当然」というのは、陸の上に住んでいる私たちのバイアスで、アシにとってはむしろ「海の上に住むのが当然」という可能性はないでしょうか？　この問題は、自分たちの生活様式に対するアシの考え方の変化など、私がエスノグラフィーを書く上で取り組んできた大きなテーマにも関わります。この点については、講義の中でおいおい扱うことにしましょう。

話を戻しますと、アシの島々について考察した欧米の研究者たちは、この生活様式の起源について、これまで主に3つの仮説を提起してきました。第一に、サンゴ礁で魚を捕り、それを売って暮らしてきたアシにとって、海の上に住んでいると漁業活動に便利だから、という理由。第二に、先ほどの2人目の方の答えに通じますが、かつて盛んだった戦争の際の防衛のため、という理由。それから第三に、みなさんはおそらく思いつかないでしょうが、海の上に住んでいると、マラリアを媒介する蚊を避けることができるから、という理由です。最後の、マラリアを避けるためという理由は、マライタ島でフィールドワークをしてきた私としては実感をもって理解することができます。マライタ島に住む際にもっとも恐ろしいのは、夜行性の蚊が媒介する熱帯病であるマラリアで、私も二度ほどかかったことがあります。しかし、陸地から数百メートル離れたアシの島々にはほとんど蚊は飛んで来なくて、島に泊まるときはマラリアの心配をしなくていいんですよね。一見不便に見えて、海の上に暮らすことにはいろいろなメリットがあります。

実際、アシの人たちも、「海での暮らし」は快適だと、ことあるごとに強調します。海の上にはいつも涼しい風が吹き抜けて、水はけがいいので地面がぬかるむこともない。他人が勝手に近寄ることも少ないので静かに安心して暮らせる、というわけです。先ほども言ったように、私たちはともすれば、海の上に住んでいる人たちは何か理由があって仕方なくそうしているのだと思ってしまいますが、本人たちの見方はそれとはだいぶ違います。

逆風の中のフィールドワーク

さて、そんなわけで、マライタ島で私が出会ったのは「人工島」という特徴的な生活様式をもつ人々でした。ですので、フィールドワークからの帰国後に学会などでマライタ島についての研究成果を発表すると、他の人たちは必ず、私はアシの特徴的な生活様式について調べるためにマライタ島を選んだのだ、というふうに誤解します。しかし、すでにお話しした通り、実際にはそんな計画はまったくなく、単に人づてに紹介されてアシのところに行き着いただけです。実際、マライタ島で住み込みの調査を始めて以降も、私はずっと、「いったいここでどんな研究をすればいいのだろうか？」と途方に暮れ、困惑し続けていました。そして、フィールドワーク中の私がそのようにつねに困惑していたことは、今日の講義のテーマである、１９８０年代頃からの人類学の変容ということと深く関わっています。

マライタ島でフィールドワークを始めたしばらく後、私は一時帰国して大学院の人類学コースに入り直しました。実を言えば、当時は風当たりが強かったように記憶しています。先生たちや他の大学院生たちが、先ほど紹介したような現代的な人類学の研究をしようとしているときに、かつてであれば「未開社会」と呼ばれたであろうメラネシアの島で、おまけに研究テーマもろくろく決めないでフィールドワークを始めようなんて……「なんでそんな時代遅れなフィールドワークをしようとするのか?」「人類学の現代的な流れに逆らおうとするのか?」というニュアンスの言葉がときどき寄せられたことを覚えています。先にもお話ししたように、大学という制度の中では、人類学という学問自体、他の分野の学問的作法とは違った「はじっこの学問」であると言うことができます。さらに、かつての私の場合、その現代的な流れに逆らっているという意味で、まさしく「はじっこのはじっこ」に身を置くことになったと言えます。まったくどうなることやら……逆風の中で、私はマライタ島でのフィールドワークを始めることになりました。

ちなみに、そうした「はじっこ」の性格を私は今でも引きずっていて、人類学を専門にしているというよりは、人類学という分野の外から人類学をのぞき込んで、「どんな研究をしたらおもしろいだろう?」とうかがっているような面があります。大学で授業をしていると、私が人類学という分野を代表してしゃべっていると誤解する人が多いですが、そうではないということを知っておいてもらいたいと思います。

フォウバイタ村と島々

次に、私自身の人類学的冒険の現場をより具体的にイメージしてもらえるように、私がマライタ島で住み込むことになった地域について、もう少しご紹介しておきましょう。

すでに触れたように、現在まで住み込みのフィールドワークを続けてきた村を、私はフォウバイタ村という仮名で呼んでいます。「フォウバイタ」は、アシの言葉で「大きな岩」という意味で、実際、マライタ島の海岸にあるこの村のあたりでは、地面の至るところに大きな石灰岩が露出しています。フォウバイタ村は海の上ではなくマライタ島の海岸部にある村ですが、村の人のほとんどは自他ともに認める「アシ」です。この村で、私は、以前小学校の先生を務めていたジャウおじさん（60代）が、妻のオロドおばさんと数人の孫たちといっしょに暮らす家にホームステイすることになりました。学校の先生の家に住み込みをさせてもらう、というのは人類学ではよくある話です。なぜなら、学校の先生は英語やフランス語といった外国語ができる場合が多いからで、そのおかげでフィールドワークをスムーズに始めることができるからです。

フォウバイタ村は、フィールドワークを始めた時点で約39世帯260人が住む村でした。これはマライタ島の基準では大きな村と言えます。村の中には、近くを流れる川の水を蛇口まで引いた水道があります。ちなみにこの川は水がとてもきれいで冷たい川で、川底はすべて真っ白な石灰岩なので、昼間のこの川は宝石のような明るい水色に輝いて見えます。フィールドワーク中は、ときどき夕方にこの川に行って水浴びをするのが楽しみでした（3日目を参照）。それから、村には電力の供給はないため、調査内容をパソコンに記録するために、私は首都で買った太陽電池パネルを使っていました。

フォウバイタ村には、1935年に設置されたカトリック教会があり、もともとこの教会の付属施設だった小中学校や小さな診療所があります。2008年3月に私がこの村をはじめて訪れたのは、ちょうどイースターの時期でした。かつてのマライタ島では、祖先に対してブタを捧げたりする、現地で「フォア」と呼ばれる祖先崇拝の宗教が行われていました。祖先崇拝というと聞きなれない宗教のように聞こえるかもしれませんが、見方によっては日本のお盆やお墓参りに似ていますよね。しかしマライタ島では、20世紀を通してキリスト教が浸透した結果、現在ではほとんどの人が、教会で洗礼を受けたキリスト教徒になっています。私がはじめてフォウバイタ村に滞在したイースターの時には、海に面した教会前の広場で受難劇が上演されて、マライタ島南部出身の司祭がはりつけにされるキリスト役を演じていました。日本でもキリスト教の儀式に一度も参加したことがなかった私は、はじめて訪れたマライタ島でこのような行事に遭遇するとは思ってもおらず、非常に強い印象を受けました。

この受難劇が上演された教会前の広場からは、フォウバイタ村の沖合に点在する、アシの人々が築いた島々を見ることができます。私が調査を始めた時点で、沖合には16の島々があり、そのうち10島には人が住んでいて、6つの島は無人となっていました。この頃、これらの島々には約36世帯190人くらいの人が住んでいました。島に住む人たちは、男性の多くはサンゴ礁で魚を捕って市場で売るという活動をしていましたが、同時にどの世帯もフォウバイタ村周辺に畑をもち、サツマイモやキャッサヴァなどの主食を育てていました（アシの土地利用については3日目を参照）。農作業や水くみのため、島に住む人々は島と本島の間をカヌーで日常的に行き来して暮らしています。

マライタ島北東岸の海は、サンゴ礁が発達しているために、沖合数キロまで行っても水深1～3メートルとごく浅く、また台風でも来ない限り決して荒れることがありません。晴れた日にフォウバイタ村や島の上から見ると、深さの違いによって鮮やかな水色やエメラルド・グリーンなど異なる色に見える海が、どこまでも明るく広がっているのが見えます。沖合の島に住んでいるか海岸部の陸地に住んでいるかにかかわらず、カヌーでの移動や潜水による魚捕りを日常的に行うアシの人々にとって、このようなサンゴ礁の海はごく身近な活動空間としてあります。調査中の私も、村の親しい友だちにカヌーや船外機付きボートを出してもらってサンゴ礁の海に繰り出し、調査半分遊び半分で、いろいろな島を訪ねてそこの人たちとおしゃべりをするという過ごし方が本当に好きでした。

先ほどもお話しした通り、フォウバイタ村で住み込みを始めた頃、私は、海辺に突っ立って沖合の島々を眺めては、「ここでどんな調査をしてどんな研究をすればいいのだろう……」と毎日途方に暮れていました。半世紀あるいはそれ以上前の人類学であれば、「マライタ島にはこんな変わった生活習慣がありますよ」と報告していればよかったのかもしれません。しかし、すでにお話しした通り、今では状況が違います。とくに、アシの人々にこれまで「人工島」と呼ばれてきた特徴的な海上生活の様式があることはわかりましたが、それについて何をどう調べてどう論じればいいのか、フィールドワークを始めてからもしばらく見当が付きませんでした。

実際、住み込みを始めた頃、ホームステイ先の主人であるジャウおじさんが私に、「お前は島々についても調べたいのか？」と尋ねたことがありました。当時の私は、フォウバイタ村だけでも人口が多くて大変そうだと感じていたので、「いいえ、島々については置いておきましょう。まずはフォウバイタ村についてだけ調査をします」と答えました。このやり取りには、当時私がしていた誤解が表れています。すなわち、フォウバイタ村と沖合の島々は集落として無関係だという誤解がそれです。また、この頃の私は、フォウバイタ村は１００年あるいはそれ以上前からある古い村なのだろうと、なんとなく思い込んでいました。どうでしょう、このような誤解はみなさんにとっても他人事ではないのではないでしょうか？　マライタ島のような場所でフィールドワークを始めて、ある村を見たら、みなさんも「この村はきっとずっと昔からある伝統的コミュニティなのだろう」と根拠なく思ってしまうのではないでしょうか。同じように、そうした地域で何かの見慣れない儀式を目撃した場合でも、多くの人は、「きっとこの儀式は何百年も続く伝統的なものなのだ」と思ってしまうのではないでしょうか。ここには、私たちがもっている「伝統主義的バイアス」とでも言うべきものがよく表れているように思います（5日目を参照）。

そのような誤解から私が脱却するきっかけになったのは、本格的な住み込みを始めて間もない2008年10月に、村の沖合にあるフォウイアシ島という島で開かれたミサでした（このミサについては4日目にも言及します）。その日の朝、私は事前にアポイントメントをとってあったある男性を訪ねたのですが、行ってみると彼は留守でした。仕方なく家に帰ると、ホームステイ先のジャウおじさんが、「フォウイアシ島出身の男性が首都で亡くなったので、島でミサをすることになっている。お前も来るか？」と言いました。島を見物したかったので、私は喜んで同行しました。島の上で、フォウバイタ村のカトリック教会の司祭が到着するのを待っているとき、私は思いもかけないことを目にしました。私は、当時子どもも含めて30人程度のフォウイアシ島の居住者だけでミサを行うのだと思っていたのですが、このとき、カヌーやボートがフォウバイタ村と島の間をひっきりなしに往復し、結果的に60人近くもの人々が島にやって来たのです。なぜ、それほど多くの人がフォウイアシ島のミサに集まったのでしょうか？　島の片隅にたたずんで海を眺めていると、フォウバイタ村に住むある男性が私の隣でこう言いました。「われわれは皆もともとはこの島に住んでいたのだけれど、サイクロンの後で陸に移ったんだ」。

この後私が徐々に理解するに至ったところによると、現在フォウバイタ村に住んでいる人たちやその父母のほとんどは、かつては沖合の島々に住んでいました。ところが、１９７０～８０年代にいくつかの大きな台風が島々を襲い、島の岩積みや住居が壊れるなどの被害が生じます。このとき人々は、すでに海岸部にあった教会付属の小学校の校舎などに避難したのですが、その後、その付近に仮住まいを設けるようになり、やがては生活の拠点を島々から陸に移すことになりました。現在のフォウバイタ村は、１９７０年代以降、このような避難と移住の過程で徐々に形成されたというわけです。フォウバイタ村のこのような歴史を認識したことで、村の沖合の島々は、フィールドワークを行う私の視野にはじめて入ってきました。島々と陸を結ぶアシの移住史について、さらに言えば、つねに動きながら「海に住まって」きた人々について調べるという、私にとって最初の研究テーマが浮かび上がってきたわけです。

人類学の揺らぎの中で

　こうして私の人類学的な冒険が始まりました。「冒険」と言っても、「危険な地域を旅行した」という意味ではありませんよ。そうした面も多少ありますが……言いたいことはそうではなくて、フィールドワークを通して、それまで出会ったことがなかった人たちと出会い、それを通して、それまで自分が考えたことがなかったことを考えようする、知的な冒険を経験することになった、ということです。そしてその中で、「今、人類学は何をやるべきなのだろうか？」という問いにも向き合うようになりました。それこそが、この講義で言う「現代人類学の冒険」の意味にほかなりません。
　いかがでしょうか？　今日の講義を聴いて……。

——先生！　マライタ島でのフィールドワークについてのお話はすごくおもしろいんですけど、これのどこが現代的な人類学なのかわかりません。「未開社会」を研究する昔ながらの人類学ではないですか？

おー、いいですね。ぜひともその点について説明を補っておく必要があります。いい質問をありがとうございます。

先ほどもお話ししたように、人類学を学び始め、マライタ島で一見古典的なフィールドワークに取りかかったときから、私は「はじっこの学問」である人類学の、さらにまた「はじっこ」に身を置くことになりました。ですので、私がやっているのは「新しい人類学」ではなくて、「新しいのか古いのか、一見よくわからない人類学」です。ところでみなさんは、自分で自分のことを「最先端」と称する人のことを信頼しますか？　私自身は、そのように「新しいのか古いのかよくわからない」ゾーンの中から、「今、人類学は何をやるべきなのか」を自分なりに見出さなければならない、と考えてきました。それが私なりのチャレンジであり学問的な冒険です。

ところでそもそも、私はなぜマライタ島のような古典的に見える調査地でフィールドワークをしようと思ったのでしょうか。一言で言うなら、人類学の伝統のうちで、現代において何が残っていて何が残りえないかを自分で突き詰めたいと考えたからです。そのためには、目新しいテーマに取り組むのではなく、人類学の伝統を自ら繰り返してやってみる必要があると思いました。

では当時、私は何を人類学の核心・本質と思っていたのか。これについては今日たびたびお話ししてきました。すなわち、自分がそれまでまったく知らなかった世界を体験すること。それによって、自分の考え方、いやそれどころか、生き方自体が揺るがされること。そしてそうした揺らぎを通して、これまで考えることができなかったことを考えられるようになること。そして最後に、それによって、自分と他者の間に新しい関係性を生み出していくこと。これは、マリノフスキのような人類学史上の偉人とされる人たちが、みなそれぞれの仕方でやってきたことですし、今日のはじめにお話しした「太陽の塔」の対抗文化性の根源にあるものだと思います。それを、現代において反復する必要があるのであり、その中でその可能性も限界もおのずと明らかになるはず、と私は考えていました。そしてそのためには、かつて「未開社会」と呼ばれたような地域でフィールドワークをする必要がある、と私は考えました。ただし、フィールドワークを始めた私が気付いたのは、マライタ島の人々は、「異文化」と呼ばれるような何かをもっている人々というよりは、そうした固定的な状態にとどまることなく、新たな文化的動きをつねに生み出している人々として尊重されなければならない、ということだったのですが（3日目を参照）。

すでにお話ししたように、主として20世紀末以来の人類学の揺らぎの中で、人類学の研究対象は大きく変わってきました。現代では、「○○島の葬送儀礼」や「××族の神話」といった研究テーマはおそらく敬遠される傾向にあり、それに代わって医療や科学技術といった新しい対象が盛んに研究されています。また、これまで人類学の対象になっていなかった身近な対象も人類学的に研究できるという理解も、現在では確立されています。しかし私自身は、現代の人類学で時に言われる、「研究のために遠くに出かけて行く必要はもはやない」という意見には必ずしも賛成できません。いやそれどころか、「今もなお、遠くに出かけて行くことには意味がある！」と声を大にして言いたいと思っています。先ほども言ったように、自分自身を、日常的な場面から遠く離れた場所に物理的・身体的に置くことで、自分の存在が深く揺らいだ状態で思考すること。私の理解では人類学とはそうした営みであり、この学問を取り巻く状況が変わっても、それを手放してはいけないと思います。今回の連続講義では、理屈ではなく、身をもってみなさんにそのことを示したいと思っています。

それからもう一点注意をうながしておくと、正確に言うなら、「古い人類学」から「新しい人類学」への移行が起こったわけではないのです。そうではなくて、一見古く見えるテーマと一見新しく見えるテーマを等しく見て、扱うことができるような人類学が登場した、それこそが現代の人類学だ、ということです。その意味で、マライタ島でのフィールドワークは決して「時代遅れ」ではありません。7日間の講義を通じて、そのこともみなさんにお伝えしたいと思います。

2日目

フィールドワークとはどのような営みなのか？

マングローブをカヌーで進むアシの男性

フィールドワークに挑戦する

では、2日目の講義を始めましょう。

昨日の講義では、人類学という分野を理解する上で重要なキーワードである「フィールドワーク」という言葉を、ほとんど説明しないままで使っていました。では、フィールドワークとは人類学においてどのような営みなのか？　このことを今日は考えたいと思います。

昨日もお話ししたように、人類学は一面で、調査地あるいは調査対象の個別性に徹底的に向き合って考える学問です。そのように個別性に向き合うことはまさしくフィールドワークというかたちで行われ、また、その体験がエスノグラフィーとして表現されます。ところで最近では、人類学系の学科に限らず、フィールドワーク教育に力を入れているという大学が増えているようですね。その場合、現場を訪ねて行う学習一般が「フィールドワーク」と呼ばれているようですが、「部屋にこもって本を読んでいるだけでなく、現場を見に行くことも大切だ」という趣旨でしょうか。もちろん、「フィールドワークは何かよいものなので、みんなやるべきだ」という傾向に、私も反対ではありません。しかし、「フィールドワーク」をマジックワードにしてしまわないように、では人類学においてフィールドワークとは何なのかを考えておきたいと思います。

はじめによくある誤解を解いておけば、人類学のフィールドワークとは単なる「現地で行うデータ収集」のことではありませんし、「現地に行けばその地域のことがわかる」という単純な現場主義に基づく活動でもありません。そもそも「データ収集」という発想には、「自分がどのようなデータがほしいかはあらかじめわかっている」という含意があるのではないでしょうか。たとえば、メラネシアのある地域でアブラヤシのプランテーションが開発されているとして、地元の人たちに、「プランテーション開発によってどのような影響が生じていますか？」というアンケートをするような場合がそれです。この場合、あらかじめ決めておいたテーマについて効率よく「データ」を集めることはできるでしょうが、フィールドワークをしたがゆえに得られた予想外の発見といったものはほとんどないでしょう。

これに対し、人類学的なフィールドワークとは、長期間の住み込み調査の過程で、そもそも自分は何について調査したいのかが徐々に決まっていくようなプロセスです。現地で住み込みを始めたとしても、現地の生活を見る見方は、私たちがもともともっている見方や考え方に制約されています。今お話ししたプランテーション開発の例で言うと、「地域社会は、開発など外部からの影響で変容し、伝統的生活様式は失われてしまうものだ」といった考え方がそれに当たります。私たちがもっているそのような常識から自由になるためには、長期のフィールドワークを通して、自分の考え方と、その無意識的な土台をなしているような自分の生活のあり方自体を変える必要があるでしょう。人類学のフィールドワークとはまさしくそうした作業です。その意味で、フィールドワークとは、もともと自分が考えてもいなかったことについて新たに考えられるようになるための技法であるとも言えるでしょう。私の考えではそこにこそ、人類学という学問の意義があります。

私が人類学を学び始めた頃に習ったある先生は、「2年間ぶっ通しでフィールドワークをするとして、何かテーマを決めて調査をするのは最後の半年だけ」と言っていました。つまり、フィールドワークをする人類学者は、大部分の期間は調査テーマも定まらない状態で暗中模索を続けるわけです。どうでしょう、これはみなさんが考える「現地調査」のイメージとはだいぶ違うのではないでしょうか? また多くの人は、「最後の半年になってようやく調査テーマが決まるなんて、そんな効率の悪い研究法があるのか?」と思うかもしれません。しかし、まさしくこの効率の悪さに、自分自身の考え方とその土台を、時間をかけて根本的につくり直していくという、人類学の冒険的な魅力が含まれているように私には思われます。

みなさんは、以上の話を聞いて、「おもしろそうだけど、海外での長期フィールドワークなんてできないよ!」と感じているかもしれません。たしかに、みなさんのような学部の学生たちに関する限り、海外にフィールドワークに行ける人はほとんどいないのが実情でしょう。それでも私は、自分の指導学生たちには、国内であっても、またほんの数日から数週間程度であっても、泊まりがけでフィールドワークすることを強く勧めています。というのも、泊まりがけで出かけることによってふだんの環境を離れ、自分自身を不安定な状態に置くことができるからです。そして私の考えでは、そのように自分自身を不安定な状態に置き、そうすることで、それまでの自分の考え方が揺らいだ状態で現地の生活を理解することこそが、人類学的なフィールドワークの本質なのです。

たとえば、以前に私の指導学生で、京都にある動物園の飼育員の方たちの下で、卒業研究に向けたフィールドワークをした学生がいました。飼育員の方たちは自分たちと動物の関係をどう見ているか、が彼女のテーマでした。その学生は、フィールドワークの記録を日記のかたちで見せてくれたのですが、そこには、フィールドワークの前日、バス・トイレ共用の安いゲストハウスに泊まったときの気持ちとして、「私、なんでこんなところにいるんだろう？　いったい何をしてるんだろう？　フィールドワークとか言ってるけど、明日からどうなるんだろう？」という不安や戸惑いの感覚がはっきりと書かれていました。彼女のフィールドワークは、数日間の調査を2回といった短いものでしたが、しかしこの日記には、自分自身が揺らいだ状態で他者と出会い、ものを考えるというフィールドワークの本質がたしかに表れていると思います。それを体験するためには、やはり泊まりがけのフィールドワークが不可欠だと私は思います。またそう考えると、フィールドワークが単なる「現地で行うインタビューやアンケート」とは別物であることがわかるでしょう。

マリノフスキのフィールドワーク論

ところで、今お話ししてきたような「人類学の土台としてのフィールドワーク」という考え方は、いつ、どのように生まれたのでしょうか。ここで、昨日の講義にも登場したマリノフスキを再び取り上げたいと思います。昨日お話ししたように、マリノフスキは、1910年代にニューギニアのマッシム諸島でフィールドワークを行い、島々を結ぶ「クラ」という慣習についてのエスノグラフィーを書きました。1922年に出版されたマリノフスキの『西太平洋の遠洋航海者』は、長期間のフィールドワークに基づいて個別地域のことを徹底的に詳細に描き出したエスノグラフィーの最初の一つとされています。[1] なお、マリノフスキ以前にも人類学と呼ばれるものはあったのですが、人類学者を名乗る多くの研究者は自分で長期のフィールドワークを行うということをしていませんでした。そこでは、世界各地の宣教師や植民地行政官から送られてくる報告をもとにして、たとえば「人類における宗教の進化」について独自理論を組み立てる、といった研究が主流でした（5日目を参照）。そうした人類学は後に「アームチェア人類学」、つまり、イスに座ったままで、フィールドワークを行わない人類学と呼ばれるようになります。それに対しマリノフスキは、自分が「アームチェア人類学」からの脱却を遂げようとしていて、人類学の研究法における一つの「革命」を行おうとしているということに高度に自覚的でした。『西太平洋の遠洋航海者』、とくにその序論は、「長期間のフィールドワークに基づくエスノグラフィー」という20世紀型の人類学を意識的に打ち立てるマニフェストとして書かれています。

それでは、マリノフスキ以降、人類学的なフィールドワークのモデルとみなされるようになったのは、どのようなやり方でしょうか？　マリノフスキのマニフェストには、「他の欧米人とともにホテルなどに暮らすのではなく、現地の人々の間で単身で暮らす」、「1～2年という長期にわたって滞在する」、「現地語を習得する」、「現地の人々との間に信頼関係を築き、それに基づいてインタビューなどを行う」などの条件が含まれていました。これを聞いてピンとくるでしょうか？　人類学的なフィールドワークを行うためには、現地の人たちの暮らしに入り込まなければいけない。そのためには、村の中に住んで現地の言葉を覚えて、現地の人たちと日常的に交流しなければいけない。ときどき出かけて行ってインタビューやアンケートをするだけではだめなのだ、というわけです。このように見ると、今から約100年前のマリノフスキのマニフェストが、少なくとも一面で、現在に至るフィールドワークの方法論として生き続けていることがわかりますよね。

ところで、マリノフスキは、グループではなく一人でフィールドワークをすることにこだわりました。一人でフィールドワークをすることの長所と短所とは何でしょうか？　あなたはどう思いますか？

——えーと、一人で調査をして調べられることは限られているんじゃないでしょうか。グループで調査をした方が、多くの情報が得られるし、客観的な研究ができると思います。

そうですか、それも一つの考え方ですよね。そちらのあなたはどうですか？

——僕は逆に、フィールドワークは一人でやった方がいいと思います。昨日の授業にあったマライタ島のような場所に4〜5人というようなグループで入っていったら、現地の生活への影響が大きすぎるんじゃないでしょうか。

なるほど、ありがとうございます。私自身は、どちらかと言えば2人目の方の意見に近いですね。あと、1人目の方が言った「客観的」ということにも注意が必要です。この講義でお話ししていくように、人類学の研究は一面で、調査地における「私の」体験という個別性や主観性に根ざしています（4日目を参照）。仮に4〜5人でフィールドワークを行うとして、得られるのは、調査地についての「客観的」なイメージというより、いくつものバラバラな主観性ということになってしまう可能性があるのではないでしょうか。グループ調査が不可能と言うつもりはありませんが、それに難しさがあることは否定できません。

全体論と受動性

なお、『西太平洋の遠洋航海者』の中で、マリノフスキはこれ以外にもいくつか重要な提言をしています。ここで2つのポイントを挙げておきましょう。

まず、マリノフスキはこの本の序論で、「部族文化の全領域を、そのあらゆる面にわたって、調査しつくさなければならない[2]」という方針を掲げています。ぜひみなさんに知っておいていただきたいのですが、人類学の分野では、特定のテーマや対象についてだけの研究というのは評価されません。たとえば南太平洋のある島で、非常に盛大で特徴的なお葬式が行われているとして、そのお葬式だけについてのフィールドワークというのは歓迎されません。実際、そんなフィールドワークに基づくエスノグラフィーは、ごく狭い内容だけを扱ったものになってしまっておもしろくないでしょう。そうではなくて、人類学では伝統的に、仮にある具体的な対象を中心に置くにしても、フィールドワークの過程で現地の生活に多面的に触れてそれを記録し、そのような広がりの中に対象を位置付けるということが求められます。そのために、先ほど言った1~2年という調査期間が求められるわけです。単に一つの対象だけでなく、現地の生活のさまざまな側面を互いに結び付いたものとしてとらえ、そうした広がりの全体を記録しなければならない、というわけです。

人類学に伝統的なこうした考え方を、ちょっと難しげな言葉で「全体論」(ホーリズム)と呼びます。実際、マリノフスキは「クラ」が、マッシム諸島の経済、政治、宗教、芸術など、さまざまな側面を結び付けていることを明らかにしました。「クラ」に着目することでこの地域を全体的に理解することができるというわけで、彼はまさしく全体論の模範演技をやってみせたと言うことができます。なお、このような全体論の背後には、「比較的小規模で単純な未開社会はその全体をとらえることができるし、そうしなければならない」というかつての人類学の想定がありました。現代の人類学においてそうした想定が揺らいでいることは追ってお話しします。

次に注目したいのは、マリノフスキが同じく『西太平洋の遠洋航海者』の序論で書いている、「実生活の不可量部分」についてです。[3] この序論の中で、マリノフスキは、人類学的なフィールドワークにおける探究の対象を、(1)「現地の人々の生の社会的・文化的な骨組み」、具体的には社会的なルールのようなもの、(2)「人々の典型的な考え方や感じ方」、つまりは心理学的なパターンのようなもの、(3)「現地の人々の生の血肉部分」の3つに分けています。その上で、通常の学問的なアプローチによってはとらえがたいこの「血肉部分」を、「実生活の不可量部分」と呼び、それを次のように説明しています。

平日のありふれた出来事、身じたく、料理や食事の方法、村の焚火の回りでの社交生活や会話の調子、人々のあいだの強い敵意や友情、共感や嫌悪、個人的な虚栄と野心とが個人の行動にどのように現われ、彼の周囲の人々にどのような気持の反応を与えるかという、微妙な、しかし、とりちがえようのない現象――などのこまごまとしたことが、これに属する。[4]

その上でマリノフスキは、このような「不可量部分」に迫る上では、「民族誌学者も、ときにはカメラ、ノート、鉛筆をおいて、目前に行われているものに加わるのがよい。人々のゲームに加わるのもよかろうし、彼らの散歩や訪問についていき、すわって彼らの会話を聞き、これに加わってもよかろう」[5]と述べています。

フィールドワークにおいて、現地の生活のとらえがたい部分をとらえるためには、逆説的ながら、いったん「調査」をストップさせるのがいい――これはおもしろいアドバイスだと思います。ここでマリノフスキが述べている姿勢を、「受動性」という言葉で言い表すこともできるでしょう。みなさんはふだん、受動的であることを悪いことだと思っている、というか、思わされているでしょう。たとえば高校生は、受動的にではなく能動的・積極的に受験勉強をしなければならない、というようにです。これに対して、人類学のフィールドワークには、本質的にある種の受動性がともなっています。能動的に「データ収集」しようとしていたのでは接することができないような「不可量部分」に接すること。自分の当初の研究計画をいったん棚に上げて、目の前で展開する現地の人たちの生活に没入し、それに押し流される中でいつの間にか新しい研究テーマを見つけていること。そして人類学においては、先ほどの「プランテーション開発の影響」といったあらかじめ決められたテーマではなく、そのように受動的に行き当たったテーマの方が、現地社会の実態に即したすぐれたテーマである場合が多いのです。そして、そのような受動的なフィールドワークを実現するために、やはり1~2年という長期の調査期間が必要になるわけで、マリノフスキが約100年前に提示していた指針は、現在でも一面では間違っていないと言えるでしょう。

揺らぐ「フィールド」

さて、以上でお話しした通り、フィールドワークという研究方法は現在に至るまで人類学の土台であり続けています。しかし、昨日もお話ししたように、主として1980年代以降、それまでの人類学のあり方に対する批判が盛り上がる中で、この分野のフィールドワークという方法も見直しの対象となりました。[6] ローカルな「フィールド」というものが確固としてあって、その全体を対象とするという研究方法は果たして自明のものなのか？　そのことが問い直されるようになったわけです。

今から約100年前に、マリノフスキが長期フィールドワークという方法を確立したとき、そこには、「閉じた小規模な地域社会を全体として調査・研究対象とする」という暗黙の想定がありました。人類学者は地域社会の全体を研究対象とする。なぜそんなことが可能なのかと言えば、その地域社会が相対的に小規模で完結しているからだ、というわけです。一人で調査できないくらい広く人口も多い地域であったり、居住者が頻繁に入れ替わったりしているような地域であれば、そのような想定は成り立たないでしょう。仮に、ある島に住んでいる人の半数が数年おきに入れ替わっているような状況があるとして、[7] その場合、誰を「〇〇島の人」とみなせばいいのでしょうか？

しかし、20世紀末以降、問題にされてきたのはまさにその点でした。いわゆるグローバル化の流れが顕著になる中、世界の多くの地域で人々の移動性が高まり、「閉じた地域社会」という想定は、もはや成り立たないと思われるようになりました。たとえば南太平洋のサモアは、国内よりも国外に住んでいるサモア人人口の方が多いことが知られています。この場合、「サモアの文化」について研究するための「フィールド」はどこにあるのでしょうか？　逆に、たとえば現代の北米のように、一つの狭い地域を見ても、世界各地からの移住者が混在している、といった場合は珍しくありません（3日目を参照）。「フィールド」というのは、「閉じた地域社会」というより、人やモノ、情報のいろいろな流れが交わり合うような一時的な交点であると感じられる状況が生まれたわけです。こうした中で、かつてのように一つの地域を調査対象とするのではなく、世界各地の異なる地域を結ぶつながりをたどっていく「多地点民族誌」というアプローチも提唱されるようになりました（6日目を参照）。マリノフスキ的な、一つの場所に閉じたフィールドワークのモデルはもはや通用しないのではないか、というわけです。

ここで、私自身のマライタ島でのフィールドワークに立ち戻りましょう。以上が現代の人類学の状況であるとすれば、私はマライタ島でどのようなフィールドワークをすればいいのでしょうか？　マライタ島という「フィールド」を、私はどのように見ればいいのでしょうか？　今日の講義で考えたいのはそのことです。

マライタ島に住み込む

昨日お話しした通り、私は２００８年から、アシの人々が住むマライタ島のフォウバイタ村で住み込みのフィールドワークを始めました。当時の私が、人類学やメラネシアについての外国語の文献さえほとんど読んだことがなく、ほぼ何の準備もせずにフィールドワークをすることになったということも、昨日の講義でお話しした通りです。そうした状況だったので、フォウバイタ村への住み込みを始めた当初、私は、「いったい何をどのように調査すればいいのだろう？」といつも途方に暮れていました。アシが建設し住まってきた島々は、たしかに、世界の他の地域に例がないくらい珍しい「伝統文化」だと言えそうです。しかし、人類学をわずかにかじったばかりだった当時の私にも、「マライタ島にはこんな文化がありますよ」と紹介するだけでは現代の人類学にはならないように思われました。では、私は何について、どのようなフィールドワークをすればいいのでしょうか？　マライタ島で私が経験することになったのは、「データ収集」どころか、そのような暗中模索でした。それは同時に、昨日の講義の最後にお話ししたように、人類学を取り巻く状況が大きく変わっていることを知りつつ、一見古典的に見えるフィールドワークを反復することで、この古典的な方法のうち何が生き残っていて何が生き残っていないのかを確認するような作業でした。

ところで、昨日の講義では、人類学が大学において「はじっこの学問」だと言いました。実際そうだと思います。たとえば私の場合、昨日も言ったように、フィールドワークをしている間は現地での生活に没入していて、学問的な本や論文を読むということが一切ありません。これは本当に「非‐学問的」あるいは「反‐学問的」だと思いませんか？　いわゆる文系の学問では、多くの場合、膨大な資料や文献を読むことが研究であり、実際膨大な文献に基づく研究が高く評価されます。だとしたら人類学はどうなるのでしょうか？　そう考えると、同じ大学の中に身を置いていても、人類学者のやっていることはどこか変だと感じられないでしょうか？　ある意味ではここに、昨日紹介した岡本太郎と「太陽の塔」のような対抗文化性を見て取ることもできるかもしれません。

次に、フォウバイタ村での日常生活についてもお話ししておきましょう。まず食生活について。かつてのマライタ島ではタロイモやヤムイモが主食だったとされますが、現在では、連作に強いサツマイモやキャッサヴァが中心になっています。沖合の島々に住んでいる人たちも含め、どこの世帯でもフォウバイタ村の周辺に畑をもっていて、これらのイモ類を栽培しています。メラネシアでは多くの地域でイモ類が主食です。しかしどうでしょう……みなさんはサツマイモが主食の生活に耐えられますか？　現在でもタロイモは多少栽培されていて、日本のサトイモのようなほのかな風味のあるタロイモは主食としてもとてもおいしいものです。おまけに、マライタ島の人たちは、ココヤシとタロイモというわずか2種類の材料を使って、びっくりするくらいいろいろな料理を作ってくれます。しかし、甘みのあるサツマイモは主食に向かないのではないでしょうか……実際、マライタ島の人たちも「タロイモの方が好きだ」とよく言います。おまけに、海水の塩味以外の調味料を伝統的にもたないマライタ島の料理は、味付けがきわめて単調、というか、味付けという概念自体がほとんどありません。私自身は、世界中どこに行っても日本の食べ物が恋しくなったりしませんが、さすがにサツマイモを主食とする食生活はやや苦痛でした。

ちなみにマライタ島では、焚火をおこしてその中で石を熱し、その石をイモや魚と一緒にバナナの葉や布で包んで蒸し焼きにする、「ビーラー」という調理法が行われています。私から見るとかなり手間のかかる調理法で、家事を担う女性にとって大きな負担になっていると言えるでしょう。なお現在では、オーストラリアなどから輸入された米がマライタ島の村落部でも流通しています。現地の人たちから見ればかなり高価なぜいたく品で、お金がある時には買える、といった対象です。マライタ島の人たちは、サツマイモと比べても米を主食として好みます。とくに子どもたちの多くは、「サツマイモじゃなくて米が食べたいな」といつも思っているようです。加えて、イモと比べて鍋で簡単に炊くことができる米は、女性にとっても家事労働を大幅に軽くしてくれる存在です。

それから、活発な漁業活動で知られるアシの人たちと一緒に暮らしていると、日常的に新鮮な魚をたくさん食べることができます。フォウバイタ村周辺の人々は、マライタ島の中でも活発な漁師として知られていて、ある時、転倒して怪我をした私が町の病院に行ったところ、看護師の女性たちが「フォウバイタ村の男の子だってさ。いっつも魚ばかり食べているんでしょうね！」と言って私をからかったくらいです。魚にもいろいろな調理法があり、イモと一緒に先ほどお話しした焼き石で調理することもあれば、ココナッツ・ミルクを絞った水に入れて鍋で煮ることもあります。個人的には、ココナッツ・ミルクで煮た魚を、煮汁と一緒に炊いた米にかけて食べると、汁に魚のうまみが出て一番好きですね。ちなみに、アシの言葉で「汁」のことを「スル」と言い、たとえば、煮た魚をよそってくれる母親に対して、子どもが「スルもかけてね！」と言ったりします。日本語の「汁」と発音が似ていて不思議な感じですね。

ところでみなさんには、一生に一度は自給的な生活を体験してみることがおすすめです。朝起きて、朝食に食べるものがないからと近くの畑に行ってイモを取ってきたり、魚が食べたいと子どもが言うので海に出て捕ってきたりといった生活は、現代の日本の都市部に暮らしていたら想像することが難しいでしょう。そのような自給的生活を営む人たちと暮らすと、「暮らすとはどういうことか」、「生きるとはどういうことか」を考えさせられますし、現地の人たちをそのような生き方のレベルで理解しなければいけないのだ、と感じさせられます。フィールドワークという経験の意義は、一つには、現地の人たちとのそのような深い関わりにあるのではないでしょうか。

言語を身につける

さて次に、私のフィールドワークについての話を聞くみなさんが必ず気にする、フィールドワーク中の言語についてお話ししておきましょう。マライタ島でのフィールドワークの話をすると、多くの学生が、私を外国語の達人であるかのように誤解します。しかしこれはまったくの誤解ですね。何しろ、英語のほかに私が使えるようになった外国語は、ソロモン諸島の共通語であるピジン語と、マライタ島のアシの言語だけなのですから……。

フィールドワークの際にどのような言語を使えばいいか、言語をどのように身につけていけばいいかは、当然ですが地域によって違います。ソロモン諸島の場合、使われている言語は3つの層に分かれていると言えます。第一の層は、ソロモン諸島は1970年代までイギリスの事実上の植民地だったので、オフィシャルな共通語として現在まで使われている英語です。学校教育でも英語が教えられていますが、日本と同様、どれだけ英語ができるかは人によってさまざまですね。第二の層として、今触れた「ピジン語」という言語があります。みなさんは「ピジン語」という言葉を聞いたことがありますか？　どのような言語だか説明できますか？　あなたはどうですか？

――聞いたことありません。

そちらのあなたはどうですか？

――えーっと、複合的な言語のことですよね。英語と中国語が混じり合ってできたというような。

おー、いいですね！　その通りです。たとえば東南アジアの貿易港において、現地の人たちと、ヨーロッパや中国からやって来た商人たちがやり取りしているとします。お互いに共有している言語がない場合には、それぞれの人が自分の言葉と相手の言葉をごちゃ混ぜにして何とか通じさせようとするような場合があるかもしれません。そのようにして生じる混成言語のことを、一般に「ピジン語」と言います。ただここで注意していただきたいのは、そのようにして自然発生的に生まれた混成言語も、その地域で何世代にもわたって使われるようになると、現地で生まれた子どもたちにとって母語になるということです。そうなると、その言葉はもはや即席の混成言語ではなく、固有の語彙や文法をもった言語になります。そのように間世代的に受け継がれるようになったピジン語のことを「クレオール語」と言います。

ソロモン諸島でもかつて、海外や別の島のプランテーションなどに出稼ぎに出た男性たちが、出稼ぎ先でピジン語を身につけて帰ったと言われています。昨日も触れましたが、もともとメラネシアというのは多言語地域で、他の言語圏の人たちと意思疎通するのは容易ではありません。そうした中で、20世紀はじめくらいから、ピジン語がソロモン諸島の事実上の共通語として広まってきたと考えられます。ただし、現在のソロモン諸島では、ピジン語はすでに世代を超えて受け継がれている言語なので、言語学的に言えばこれはピジン語ではなくクレオール語です。ちょっと紛らわしいですが、現在のソロモン諸島ではクレオール語が「ピジン語」と呼ばれているわけです。

さてそれから、第一の層としての英語、第二の層としてのピジン語に続く第三の層、すなわち、ソロモン諸島国内に60以上あると言われるローカルな言語についてです。昨日の講義でも触れた通り、数え方にもよりますが、マライタ島内には11前後もの異なる言語があると言われています。この講義で「アシ」と呼んでいる人たちは「ラウ」という呼び名ももっていて、この人たちの言語は、言語学的には「ラウ語」と呼ばれます。

先ほどお話ししたマリノフスキのフィールドワーク論にもあったように、現在まで、人類学的なフィールドワークにおいては現地の言葉を身につけることがとても重要であるとされます。このことは人類学の常識のようになっていますが、考えてみるとなぜでしょうね？　なぜフィールドワークの際には現地の言葉を覚えることが大切なのでしょうか？

——えー、英語では現地の人は気軽に話してくれないと思います。僕たちも英語しか話せない相手は苦手ですが。

なるほど、他に何かあるでしょうか？

——現地の言葉でないと表現できない考え方があると思います。たとえば日本語でも、「おかげさま」とか、英語に直訳できない表現がありますよね。

2人とも的確な指摘をありがとうございます。そうですよね。まず、先ほどもお話ししたように、英語を流暢に話せるのはある程度教育のある人だけなので、村に住む人たちと広く交流しようと思ったら、現地語を話す必要があるでしょう。逆に、英語だけを使った調査では、外部から来た役人が村の人たちを尋問しているような調査になってしまいます。それから、2人目の方が言ってくれたように、アシの人たちの考えを深く理解しようと思ったら、この人たちの言葉を知っておく必要があります。これはまさしくマリノフスキが100年前に言っていたことです。

私自身は、2008年にはじめて3週間だけソロモン諸島に滞在した後、ピジン語の教科書を手に入れて勉強し、長期的な住み込みを始めた時にははじめからピジン語を使って調査をしました。それと同時に、ホームステイ先のジャウおじさんなどいろいろな人たちに手助けしてもらってラウ語の勉強を進め、住み込みを始めて半年くらい経った頃からは、「これからはラウ語で調査をするのだ！」と決めて実行しました。当時のラウ語能力は非常に不十分だったと思いますが、現地語で調査することを優先したわけです。

なお、ラウ語については20世紀前半に宣教師が作った辞書がありますし、そもそも英語で質問しながら学ぶことができるので、まったく言語が通じない状況でフィールドワークをしたわけではありません。フォウバイタ村でのフィールドワーク中、おもしろかった体験として、単に言語について質問したり、質疑応答形式のインタビューをしたりするのではなく、現地の人たちと行動をともにすると、言葉がどんどんわかるようになってくるということがありました。たとえば、フィールドワークのはじめの頃のある夕方、家にいると、近所の子どもたちが川に水浴びに行くというので、一緒に行くことにしました。ビニール袋に着替えを入れていると、ある男の子が、「サトミ、タラ・ナウ・コウア・ワイ・オエ？」と言いました。さて、この言葉はどういう意味でしょうか。「タラ」は英語のｗｉｌｌやｓｈａｌｌのような、意志を表す言葉で、「ナウ」は「私」。それから、「ワイ」は「袋」で「オエ」は「あなた（の）」だということはすでに知っていました。「コウ（ア）」という単語だけ知りませんでしたが、状況から明らかですよね。「コウ（ア）」は「持つ、運ぶ」という意味で、男の子は「袋を持ってあげようか？」と私に言っていたわけです。日常生活から切り離された状況で「調査」をするのではなく、子どもであれ大人であれ、現地の人たちと行動をともにすることで、言葉の意味も飛躍的にわかるようになることがあります。実際、この水浴びを境にして、私は近所の子どもたちの言葉が急に理解できるようになった気がしました。これは単なる気のせいではないと思います。

フィールドワークにとりかかる

では次に、実際にどのようにしてフォウバイタ村でのフィールドワークを進めていったのかについてお話ししたいと思います。

フィールドワークを始めるとき、まっさきにやるべきことは、言うまでもなく、自分のことを村の人たちに知ってもらうことですよね。名前は何というのか、どこから来たのか、ここで何をしようとしているのか。このとき、自分が人類学的なフィールドワークをやろうとしているのだということを、村の人たちに説明しなければいけませんよね。これはちょっとやっかいです。仮に英語やピジン語が通じるとして、みなさんであればどう説明しますか？「人類学の研究をしている」ではダメでしょう。「人類学」が何かはたぶんわかってもらえないので。あなたならどうしますか？

――えっと、「あなた方の文化について知りたいと思っている」とでも言えばいいんじゃないでしょうか。

そうですよね。でも、「文化」という言葉はマライタ島で通じるのでしょうか？

――うーん……。

これは実は大問題で、結論だけ言えば、「文化」（カルチャー）や「慣習」（カスタム）、あるいは「調査」（リサーチ）という言葉はマライタ島の人たちにも通じます。しかしこの場合、なぜマライタ島の人たちが「文化」や「慣習」といった概念をもっているのかということの方が説明される必要がありますよね。これについては明日の講義で触れたいと思います。

さて、そうして自己紹介がまずまずうまく行ったとして、フィールドワークをどのように始めればいいのでしょうか。私の場合、私のことをフォウバイタ村に紹介してくれた首都の男性が、村に着いたら長老のような重要人物たちに挨拶するようにとアドバイスをしてくれていて、数人の名前まで聞いていました。ですのではじめのうちは、高齢男性をはじめとするそれらの重要人物の家を訪ね、村の歴史などについてインタビューをするという調査が中心になりました。やがて知り合いが増えてくると、沖合の島を訪ね、時には泊まりがけで滞在させてもらって話を聞いたりして調査を進めることになりました。

フォウバイタ村での一日のイメージはこんな感じです。ホームステイ先の家にいるときには、朝は5時半くらいに起き出し、家のオロドおばさんが用意してくれるサツマイモを朝食に食べます。朝食後、家の近くの水道で洗濯をすませると、事前にインタビューを依頼してある場合には、筆記用具、カメラ、ICレコーダーや水筒の入ったバッグを持って、そのインタビュー相手の家に出かけます。日によっては、ここで村の誰かの漁や畑仕事に同行することもあります。午前中いっぱいインタビューなどをして家に帰ると、米を自分で炊くなどして手早く昼食をすませ、その日聞いた話や見てきたことをノートパソコンに記録する作業にとりかかります。これにはたいてい数時間かかります。夕方になると、その日の日誌を同じくパソコンで書き、家の近くの水道で水浴びをします。夕食には再びサツマイモと、オロドおばさんが市場で買ってきてくれた魚などを食べます。夜寝る前は、家を訪ねてきた近所の人たちとランプの灯りの下でおしゃべりをすることもあれば、一人で音楽を聴いて過ごすこともある、といった感じです。

とはいえはじめの頃は、村の人たちがほとんど私のことを相手にしてくれないので、仕方なく「隣の家の男の子が台所でうんちをもらした」というようなことまでフィールドノートに書いていました。それくらい調査が進まなかったのです。先ほどお話ししたように、村の長老を相手にかしこまったインタビューをピジン語でするのはむしろ簡単で、村の中の「ふつうの人たち」と気軽に話ができるようになるには時間がかかりました。

また、マライタ島でのフィールドワークを続ける中で、イモ類の畑仕事や漁業といった、村の人たちの日常的な生業活動についても調査をしたいと考えるようになりました。2011年頃からは、アシの男性たちが夜間に行う漁についても調査を試みるようになりました。夜間の漁に同行したこともありますが、多くの場合、潮汐や月齢に合わせて漁師たちが陸に戻る時間を見計らい、深夜や早朝に起き出して漁師を待ち、魚の名前を聞いたり重さを量ったり、その日の漁場について聞いたりします。一例として、2011年7月の早朝の観察を引用しましょう。

3：25、サデがフィッシャリー〔日本からの開発援助によって設置された発電機と製氷機がある建物〕から、アルミおけに入れた氷一つを持って帰る。この時、月は出ておらずマエロド〔月がなく暗い夜〕。……4：50、ジョンの弟オイガの若い妻が、オイガが捕ってきた、バケツに半分以下の魚を持ってきて、サデ宅の床下で待っている。5：00過ぎ、サデがハエガノ〔フォウバイタ村内の海側〕から台秤を持ってくる。オイガの魚は4・0キロと少ない。この時サデは、一部の魚を「小さすぎる」と言って買わず（オイガの妻に戻す）。具体的には、尾びれも含め20センチ以下くらいの魚。重さを量って買うのはオゴティニアした〔内臓を取り除いて洗った〕後の魚。またサデらは、量った後で魚をあらためて水洗いしている。6：30、海はルア〔潮が満ちつつある〕。

人類学者の中でも、このように夜中や早朝に調査をした経験がある人は多くないかもしれません。マライタ島の場合、夜間はマラリアに感染するリスクも高いので緊張しますが、しかし、昼間とは違った村や村人の姿を見ることができたのは大きな収穫でした。

マライタ島の「お婿さん」

ここでちょっとおもしろいエピソードを紹介しましょう。フォウバイタ村に住み込んでいた間、この地域の人たち、とくに女性たちが、私のことをからかって、よく「お婿《むこ》さん」（ワネ・フガオ）と呼んでいました。場合によっては、特定の人の名前を挙げて「〇〇の家のお婿さん」と呼ぶこともありました。じゃあみなさん、アシの人たちはなぜ私を「お婿さん」と呼んでいたのだと思いますか？

——うーん、やっぱり先生が若い男性だったからですよね。

もちろんそうですね。他にはどうでしょう？　もう少し深掘りしてみると？

——村の人たちは、先生が村の女の子と結婚するかも、って言ってからかっていたのではないですか？

おーいいですね、まさしくそうだと思います。ではこのことを人類学的に考察してみましょう。日本語でも同じですが、アシの言葉の「お婿さん」は、「よそから婿入りしてきた男性」を意味します。とくにこの場合、私は「潜在的なお婿さん」とみなされていたと言えるでしょう。つまり、「現在はよそ者だけれども、結婚によって自分たちの身内になるかもしれない男性」ということです。ポイントはこのように、「お婿さん」という呼び方が、「現在はよそ者／潜在的には身内」という二面性を帯びていることです。

ところで、アシの人たちは、祖先がいつどこから移住してきたのか、ある島をいつどのような経緯で建設したのか、といったことを語り継ぐ、「アイ・ニ・マエ」と総称される言い伝えを持っています。おもしろいのは、この言い伝えで、今説明した「お婿さん」がしばしば重要な役割を果たすことです。一例を挙げましょう。

【フォウバイタ村沖のフォウイアシ島に住んでいたウーボギ氏族の言い伝え】
われわれの祖先たちは、土地Oに住んでいた。あるとき、Lという祖先の男性が、近くのK川の傍で開かれる市場に出かけて行った。市場では、ココエフォウ島から来た男性Uが、海で魚を捕るための網を作ることができる人物を探し求めていた。昔の人々は、森で採れるツルを使って縄をない、網を作っていたのだ。Lは、川で魚を捕るために網を作ることに慣れていたので、「網なら私が作れるぞ」とUに言った。そこで、彼はUとともにココエフォウ島に行くことになった。Lはココエフォウ島に住んで、人々のために網を作っていたが、ある時病気になってしまった。彼が男性小屋の中で寝込んでいると、Uは、自分の妹であるAに、「彼の世話をしろ」と言った。Uは妹を彼に妻として与えたわけだ。そうして、LはUの妹Aと結婚することになった。このようにして、われわれは海に住まうようになったわけだ。

この言い伝えでは、島に住んで網を作るために、もともとは「トロ」（山の民）であったL

という男性がスカウトされています。注目すべきは、この男性が移住先の島で、まさしく「潜在的なお婿さん」としての立場に立っていることです。彼は島で病気になってしまうわけですが、彼が男性小屋の中で一人寝込んでいたというイメージには、この男性の「よそ者」性がよく表れているように思います。そして、彼が島の女性と結婚することによって、この「よそ者」性は「身内」性に転換されるわけです。

いかがでしょうか？　フィールドワーク中の私が「お婿さん」と呼ばれていたことのニュアンスをわかっていただけたでしょうか？　ここで一点強調したいのは、この言い伝えにも読み取れるように、アシの社会が伝統的にも決して「閉じた」ものではなく、たとえば「お婿さん」としてたえず「よそ者」を取り込んでいくような性格をもっていたということです。そして、外国人である私も、まさしくそのようにして調査地に受け入れられたと言うことができます。昨日もお話ししたように、マライタ島のような地域を見ると、私たちはつい「閉じた地域社会」を想定してしまうわけですが、それは決して事実ではなく、マライタ島の社会は伝統的に意外と「開かれて」いたのです。そのように考えると、一見「古典的」なマライタ島でのフィールドワークと、先ほどお話ししたような、グローバル化の時代における現代のフィールドワーク論を結び付けることができるのではないでしょうか？　マライタ島のような地域社会を、「閉じた地域社会」ではなく、外国人のような「よそ者」をも受け入れることができる、意外と「開かれた」ものとして描くエスノグラフィーは、どのようなものになるのでしょうか？（3日目を参照）そのような描き方によってエスノグラフィーという方法はどのように刷新されるでしょうか？　フィールドワークを通して、私は徐々にそのように考えるようになりました。

「暮らすこと」と「調査すること」[8]

いかがでしょう、ここまでの話を聞いて？　見渡す限り広がるサンゴ礁の海と、「人工島」という独特の文化をもってそこに暮らす人々――このような説明を聞くと、私のフィールドワークは単純に「おもしろそう」なものと思えるかもしれません。もちろん、私もその魅力は否定しませんし、みなさんにも私に続いてフィールドワークに挑戦してもらいたいと思っています。しかし実際には、マライタ島でのフィールドワークは苦労や悩みの連続でした。

とくにはじめの頃、私にとって根本的だった悩みは、アシの人たちの日常生活と自分の調査活動の間に、乗り越えがたいギャップがあるように思われることでした。フォウバイタ村に住み込み始めてまもなく、私は自分が、現地の人々と同じように暮らそうとすることと、現地の人々の日常生活からズレた「調査」を意識的に行うということの、2つの活動を同時にしなければならないことに気が付きました。「暮らすこと」に含まれるのは、村の人々と同じ食べ物を食べたり、同じ川に水浴びに出かけたり、あるいは一緒に畑に行ったり漁に出たりといったことです。他方「調査すること」には、現地の人々が日常的には話題にしないような祖先の系譜や人々の親族関係、あるいは島に関わる伝承の聞き取りなど、狭い意味での「調査」活動が含まれます。なお、正確に言うと、マライタ島の人々がそうした「調査」活動をしないということは決してありません。これについては明日の講義でお話しします。

さて、ここで重要なのは、このような「暮らすこと」と「調査すること」のうち、どちらか一方だけでは、人類学的なフィールドワークとして不十分だということです。すなわち一方で、単に調査地で「暮らす」だけでは、限られた期間中に必要な知識を得られないおそれがあります。たとえば私の場合、フォウバイタ村と沖合の島々に住む人々の間の複雑な親族関係を把握するためには、数か月間にわたる粘り強い聞き取りが必要でした。そのような「調査」なしには、沖合の島々の間にどのような歴史的関係があり、フォウバイタ村のような集落が人々のどのような結び付きに基づいて成立しているのか、いつまでたっても理解できなかったでしょう。他方で、歴史や伝統文化についての知識が豊富とされる高齢者など、特定の人々へのインタビューに偏った調査では、現地の生活について実態から乖離したイメージを描いてしまう危険があります。アシの人々は何も、祖先の系譜や村の歴史についてのおしゃべりばかりをして毎日過ごしているわけではありません。人類学者には、「ふつうの」人々が実際にどのような日常生活を送っているのか、たとえばどのように漁や畑仕事をしてどのようなものを食べているのか、ということへの視点も、つねに同時に求められるのです。

しかし、そのように「暮らすこと」と「調査すること」のバランスをとるということは、実際には決して容易ではありません。アシの人々の間では、畑仕事や魚捕りといった自給的な活動が日常生活の大きな部分を占めています。晴れた日の昼間、フォウバイタ村や沖合の島の上にいると、子どもや高齢者を除いた人々が残らず畑や海に出かけてしまい、あたりに人影がほとんどなくなるということも珍しくありません。誰もいなくなった村に一人でいてもフィールドワークにはなりませんが、ではどうしたらよいのでしょうか?

人々の畑仕事などに同行し、自分で同じことをやろうとしてみることは、たしかに重要な作業です。しかし今言ったように、それだけではアシの「海での暮らし」の歴史と現状についての理解は思うように進みません。運がよければ、こちらが質問を準備していたわけでもないのに、村の高齢者などがふとしたきっかけで、島々の歴史や人々の親族関係について話をしてくれることもあります(5日目を参照)。しかしたいていの場合、あらかじめ相手を訪ねて、「○○についてお話をうかがいたいのですが」と依頼することが必要になります。このような「調査」の際には、他の人たちが畑や漁に行っている間に、私と聞き取りの相手だけが村や島に残って話をしている、という状態がしばしば生じます。そうした聞き取りはたしかに有益ですが、自分が現地の人々の生活からずれたことをしているという違和感、そしてまた聞き取りの相手にもそれに付き合うことを強要してしまっているという罪悪感はつねに残ります。

なお、フィールドワーク中の私を見て、アシの人々も、『人類学』とか言うらしいが、サトミはいつもおかしなことをしているよ」と思っていたようです。あるとき私は、フォウバイタ村の外れに住む高齢男性宅でインタビューを終え、家に帰ろうと歩いていました。このとき、道端の木陰に、畑仕事から帰る途中の村の20代の女性アフナが座り込んで涼んでいました。アフナは、歩いてくる私を見るなり、「サトミ、アガロはどこにいるんだい⁉」と大きな声をかけ、アハハと屈託なく笑ってみせました。「アガロ」は、もともと「祖先」や「祖先の霊」を意味する単語ですが、現在ではふつう、日本語の「お化け、幽霊」のような意味で使われます。アフナは、私が高齢者宅で人々の「祖先」の系譜などについて聞き取りをしてきたことを察知した上で、「私たちがこうして畑仕事をしているときに、あなたは『祖先』だの『お化け』だのについて現実離れしたおしゃべりをしているなんて、まったくおかしなことだよ！」とからかってみせたのです。この悪意のないからかいに対して、自分の「調査」が人々の暮らしからずれてしまいがちであることを痛感していた私は、「いや……」と口ごもることしかできませんでした。

揺らぎながら考える

では私は、マライタ島で暮らす中で、どのようなテーマについてどのような調査を行えばいいのでしょうか？　アシの島々について、「こんな珍しい生活様式がありますよ」という以上の議論を、どうすれば立てることができるのでしょうか？　長老たちだけとのインタビューから脱却し、現在のアシの人々の日常生活をとらえるようなフィールドワークは、いかにして可能なのでしょうか？

この悩みを突破する手がかりは、予想外にも、フィールドワークを始めて間もなくもたらされました。フォウバイタ村で住み込みを始めて1か月間ほどの間に、村の人たちとのおしゃべりの中で、「自分たちは今はアシ（海の民）だが、もともとはトロ（山の民）だ。自分たちが住むべき場所は山にある。だから自分たちは山に帰ろうと思う」という語りをたびたび聞いたのです。私自身は、「海の民」としての固有の生活様式をもったアシの下で、この生活様式について調査をしようと思っていました。ところが現地の人たちは、それとはまったく逆に、「自分たちはもともと山の民なのだから、山にある故地（アエ・フェラ）に帰ろうと思う」と言うのです。これはいったいどういうことでしょうか？

聞き取りを重ねる中でわかってきたのは、アシの人々が近年、これまでのような「海での暮らし」を今後も維持できるのかどうかについて不安を抱いているという事実でした。その一つの背景として、過去数十年間に進んだ人口の急増と海岸部への集中があります。1970〜80年代、もともと沖合に住んでいた人々の一定数が海岸部に移住したことについては、昨日お話ししました。その一つの結果として、アシの人々が住む海岸部はマライタ島の中でもとくに人口密度が高く、そのため人々は、近い将来、海岸部で畑を作るための土地が足りなくなるのではないかと懸念しています。このことは、海岸部に住むアシについても島々に住む人々についても同じように言えます。また、人口増加によって漁業が活発化し、そのためサンゴ礁内に魚が少なくなっている、という不安の声もよく聞かれます。

なお、マライタ島の伝統的な土地制度では、ある土地に最初に住み始めた人々の子孫がその土地の第一の所有者であるとされます（5日目を参照）。このため、もともと沖合の島々に住んでいたアシの人々にとって、フォウバイタ村のような海岸部の土地は通常自らの所有地ではありません。事実、この人々は自分たちを、現在の土地に「よそ者として住まっている」（トー・ハラ）にすぎない、と言います。そのような事情のため、人々は、人口が増加し住居や畑のための土地が手狭になるにつれ、自分たちはこの「他人の土地」に住み続ける、あるいはそれを耕し続けることはできないのではないか、という意識を強めているのです。アシは現在、「自分たちは、もはや「海での暮らし」を続けることができないのではないか？　そうだとすれば、自分たちはどこで、どのように暮らすべきなのか？」という深刻な問題に直面しているわけです。フィールドワークの初期にわかってきたのはそのような事情でした。

これらに加え、メディアによって伝えられる地球温暖化や海面上昇、あるいは環太平洋地域で起こる地震や津波についてのニュースは、自分たちの「海での暮らし」が大きな危機に瀕しているというアシの意識をいっそう強めています（7日目を参照）。たとえば、東日本大震災直後の2011年にマライタ島を訪ねた私に対し、ある男性は、「人々は最近、海に住むのを怖がっている。地震だのツナミだの、今の世の中ではいろいろなことが起こりすぎるから！」と語りました。この言葉は、アシの人々が現在置かれている不安定な立場をはっきりと示しています。アシの「海での暮らし」が、現在このようにいくつもの理由から揺らいでいるという事実を認識するにつれ、私は、安定した「アシの文化」といったものを想定してそれを研究対象とするのではなく、この人々の暮らしのそうした揺らぎを理解することこそが、自分のフィールドワークの最大の課題なのだと考えるようになりました（3日目を参照）。一見「伝統的」な生活を送っているように見えるアシの人々が、実は深いレベルで揺らいでいる。こうした気付きは、私自身が「お婿さん」と呼ばれるような「よそ者」として、不確かで不安定な存在としてアシの社会に入っていったからこそ可能になったものではないでしょうか。

みなさんは、人類学者のフィールドワークを、現地の社会になるべく「溶け込む」ことだと思っているかもしれません。先ほどのマリノフスキの議論も一面ではそのように聞こえますね。これに対し、私が経験したのは、むしろ自らを「よそ者」と呼ぶアシの人々の下で、一人の「よそ者」としてフィールドワークを行うということでした。そして、そのような宙ぶらりんの不安定な状態に身を置いていたからこそ、私はアシの人々が置かれた不安定な状況に気付くことができたように思うのです。人類学的なフィールドワークとは、一面で、そのように自らの不安定性や異質さを活かして調査を行うことなのです。そして今日たびたび強調してきたように、アシの人々が「古典的」な研究対象であるというのは、あくまで表面的な印象にすぎません。アシの人々は、あくまで私たちと同じ「現代」を生きているのであり、その人々が経験している揺らぎは、グローバル化などと呼ばれる変化の中で、世界の他の地域の人々が経験しているものとも、どこかで通じ合うのではないでしょうか（3日目を参照）。それでは、そのような変化をとらえる人類学とエスノグラフィーはいかなるかたちをとるのか——このように考えることで、一見「古典的」に見える私のフィールドワークは、はじめて現代的な議論と結び付くようになったのです。

フィールドワークの倫理

というわけで、私自身の経験に即して、「現代において人類学的なフィールドワークをやるとはどういうことか」についてお話ししてきましたが、何か質問はあるでしょうか。

——あの、フィールドワークのお話はとても魅力的で、私もやってみたいなって思うんですけど、そもそも私たちが、マライタ島のような僻地に住んでいる人たちの生活に土足で踏み込んでいくことは許されるのかな、っていうことがちょっと引っかかっています。研究のためだからって、一方的に入り込んでいくことは許されるんでしょうか？

ご質問ありがとうございます。フィールドワークの倫理に関わる、非常に重要な問題提起ですね。もちろん、人類学の研究をする際には、今の質問にあったように、「自分がやっていることは許されるんだろうか？」という疑問の意識をつねに持ち続けることが大切です。ただ、結論から言うと、私はマライタ島の人たちの世界に入り込んでいくことは許されると考えています。

今の質問で、「マライタ島の人たちの生活に土足で踏み込んでいく」という言い方がありましたが、この言い方は暗に、マライタ島の社会を「外部に対して閉じた社会」として想像してしまってはいないでしょうか。たしかにごく表面的に見るなら、マライタ島の人たちは外部に対して閉ざされた「伝統的社会」の中に暮らしているように見えるかもしれません。しかし、そうした見方があまりに表面的であることはすでにお話ししてきた通りです。実際、現地の人たちに話を聞いてみると、マライタ島の社会が、どこの馬の骨ともわからない「よそ者」をつねに受け入れ、それによって変化してきた社会であることがよくわかります。マライタ島でフィールドワークを続けてきた私の実感からすれば、問題は、私のような訪問者がマライタ島の社会に入り込むこと自体ではなく、むしろ、マライタ島の社会を「閉じた伝統的社会」と決めつけてしまう私たちの側の想像力にあるように思います（3日目を参照）。

もう一点、先ほどの質問には、「そもそもフィールドワークなどしない方がいいのでは？」という倫理的な疑問が含まれていました。これも、すべての人類学者が考えなければいけない難しい問題です。私がマライタ島でフィールドワークをせず、エスノグラフィーを書かなかったらどうなのか？　その方がよいのか？　しかしこの疑問に対しても、私は、「いや、人類学者がフィールドワークをしてエスノグラフィーを書くことには意義がある」とポジティブに答えたいと思います。もちろん、マライタ島の人たちを「世界の辺境で暮らす原始人だが、その文化はグローバル化の影響で失われつつある」などというようにステレオタイプ的に描き出すエスノグラフィーなら、書かれない方がいいでしょう。しかし私はこれまで、南太平洋の人々についての、そのようなステレオタイプをひっくり返すようなエスノグラフィーを一貫して書こうとしてきました（3日目・4日目を参照）。そのようなエスノグラフィーを通じて、私は、読者の側の想像力をつくり変え、マライタ島のアシのような他者と私たちとの間に新たな関係を生み出そうと努力してきました。明日以降の講義でもお話しするように、現在なお、私たちはしばしば、世界の辺境に住む人々について、「何百年も変わらない伝統的な生活を営む人々」、「さまざまな非科学的迷信を信じている人々」、「しかしそうした文化は、グローバル化の影響が及ぶとたちどころに崩壊してしまう」といったステレオタイプを抱いています。そして人類学者のフィールドワークとエスノグラフィーは、そのようなステレオタイプを打ち破り、他者との間にもっと自由な関係を生み出す力になりうるのではないでしょうか。私の考えではそれこそが、「こんなフィールドワークをすることが許されるんだろうか?」という倫理的なためらいを乗り越えて人類学を実践する理由なのです。

3日目

「文化」の概念はどこまで使えるのか?

島の上でミサを取り仕切るアシの神父

「文化」を語ることとは？

それでは、3日目の講義を始めましょう。

今日キャンパスに来たときに気付いたのですが、正門の横に、大学の「多文化交流センター」の立て看板が立っていますね。花火見物にでも行ったのか、留学生と思われる若者たちが浴衣を着て並んでいる写真が載っていました。同じく留学生たちが、日本のものと思われる太鼓を叩いている写真もありました。こうした写真を見ると、いかにも「日本文化を体験する」といった印象を受けますね。実際みなさんも、「日本文化」と聞くと、浴衣、太鼓、神社、和食、歌舞伎といったものを思い浮かべるのではないでしょうか。

ところでこのことは、通常「文化」を研究する学問であるとされる人類学にとっても無視できません。そもそも、人類学において「文化」とは何なのでしょうか？　あるいは、人類学は本当に「文化」を、もっと言えば、世界の「多様な文化」を研究する学問なのでしょうか？ここで、この連続講義で、「文化人類学」ではなく「人類学」という呼び名を使っていることを思い出してください。実を言えば、現代の人類学者のうち一定数は、「文化」とか「文化の多様性」といった言葉を使うことに、しばしば居心地の悪さを感じます。このことは一つには、私たちが「文化」というものを、ごく狭い意味で、なおかつ固定的に考えがちであることに関わっています。浴衣や太鼓といった先ほどのイメージにしても、私たちはしばしば、「何百年も前から変わらず続いているものが文化だ」、「日本の文化は日本に固有のものであり、他地域には共有されていない」といった考え方を抱いていないでしょうか？　しかし本当にそうなのでしょうか？　多文化交流センターの活動に文句を言うつもりはまったくないのですが……。

さらに言えば、現代の人類学は必ずしも、「世界には多様な文化がある」と想定した上でそれらの「文化」を研究するのではありません。それと同時に、「世界には多様な文化がある」と言うときに、私たちは「文化」というものをどのように想定しているか、そこにどのようなバイアスがかかっているか、といったことを問い直そうとします。それが今日の講義のテーマです。マライタ島のアシの「海での暮らし」にしても、私たちはそれが独特であるがゆえに、「この人たちはきっと何百年も前からこのような生活を続けてきたに違いない」と考えてしまいがちです。そのような「ローカルで独特な文化」こそが人類学の伝統的な研究対象だというわけです。しかし、今からお話しするように、実は、「世界にはさまざまな文化が並存している」という考え方自体、決して昔からあるものではなく、人類学において、それは主として20世紀になってから一般化した考え方だったと言えます。そうした20世紀的な人類学の考え方は、今、どのように変化しつつあるのか。今日はそのことを考えてみましょう。

『精霊に捕まって倒れる』

現代において「文化」を語るとはどういうことか。この問題について考えさせてくれるおもしろい本として、アメリカの作家アン・ファディマンが書いたノンフィクション、『精霊に捕まって倒れる——医療者とモン族の患者、二つの文化の衝突』（原著の初版は1997年）を紹介したいと思います。[1] 現代のアメリカにおける「異文化」イメージについて考えさせてくれるとてもよい本です。なお、魅力的な本というのはさまざまな読み方を許すもので、今からお話しするのはあくまでこの本の読み方の一つです。興味をもった人はぜひ自分で読んで考えてみてください。

この本の舞台は、カリフォルニア州のマーセドという街です。1970年代頃から、この街には、東南アジアでの戦争・内戦を背景に、多数の難民が移住してきます。もともとマーセドに住んでいた住民からすれば、これは「ホーム」が別世界になってしまう体験だと言えるでしょう。東南アジアなど遠くに出かけて行けば、異なる「文化」をもった他者に出会える、というのならわかりますが、この場合、自分がこれまで暮らしてきた街自体が「異文化」であふれかえってしまうのです。さて、そうしてやって来た難民の中でも、マーセドにとくに多かったのが、中国ではミャオとも呼ばれる、ラオスなどからやって来た山地民モンです。モンは伝統的に、中国や東南アジアの平地を中心とする国家への服従を拒む、個性的でワイルドな人々とみなされてきました。その人々が内戦を逃れてマーセドに移住してきたわけです。モンの人々は、衣類やテレビ番組といった「アメリカ文化」を受容しているかと思ったら、他方において、しばしば英語も身につけず、自宅で動物をいけにえにしたり伝統的な治療法を実践したりと、かたくなに「モンの文化」を守っているように見えます。ファディマンの本は、このような状況で生じていた「二つの文化の衝突」を描き出すものです。

さて、この本の主人公はモンの一家族です。ナオカオとフォアという中年で子だくさんの夫婦がいるのですが、ラオスからアメリカへの移住後に生まれた娘であるリアは、幼くして「てんかん」の症状を示していました。といっても、「てんかん」というのはあくまで、アメリカの主流社会に属する、科学的な教育を受けた医療者たちから見た見方です。モンの間では、医療者たちが「てんかん」と呼ぶものを、「カウダペ」、すなわち「精霊に捕まって倒れる」病気と呼ぶそうです。カウダペは必ずしもネガティブにとらえられるものではなく、将来シャーマンになる霊的素質のあらわれともみなされているそうです。

フォアたちは、リアがてんかんの症状を示すと救急車を呼んで病院に連れて行くのですが、そもそも英語がほとんど通じないので、医療者たちには、投薬などについての自分たちの説明や指示がまったく通じていないように思われます。時には薬草などを使った伝統的治療法に固執しているようにも見え、医師たちは意思疎通不可能な相手に始終いら立っています。ある医師は、「まるでこう、僕らと彼らのあいだにラップかなにかみたいな膜があって、彼らがその向こう側、僕らがこっち側にいるって感じなんだ」[2]と語っています。ただ、このように言うと、モンの人たちを「現代医療を理解しない愚かな人たち」と決めつけているかのようですね。他方で著者によれば、医療者たちもモンの人々がリアの病気をどのように理解しているかをまったく理解しようとせず、リアの治療方針をめぐる行き違いは解消しないままでした。「ダン〔医師〕は、フォアとナオカオがすでに娘の問題を「精霊に捕まって倒れる」病いだと見立てていたことを知るよしもなかった。フォアとナオカオは、ダンがそれを「てんかん」という、ごくありふれた神経疾患だと診断していたことを知るよしもなかった」[3]と著者は書いています。すなわち、リアの病気に対して、医療者たちは「脳神経系の異常」という見方をもち、モンの人々は「精霊に捕まったために病気になった。将来シャーマンになるかも」と見ているわけです。では、この深刻な行き違いはどこへ向かうのか、というのがこの本のストーリーです。詳細は今日は話しませんので、気になる人はぜひこの本を手に取ってみてください。

「二つの文化の衝突」？

ここで、「二つの文化の衝突」というこの本のサブタイトルを思い出してください。たしかに、著者が描き出している状況は、「文化の違い」による行き違いと呼びたくなる状況です。しかし、本当にここで「文化の違い」や「二つの文化の衝突」を引き合いに出してよいのでしょうか？　見方によっては、この本の中で、「二つの文化の衝突」を描こうとするがために、著者自身がモンを意図的に「理解困難な他者」として描き出してしまっている面があるように思います。たとえば次のような一節はどうでしょうか。

一九八〇年代初頭、ラオスから来た難民がマーセドに定住しはじめたとき、MCMC〔病院の名前〕の医師たちは誰ひとり「モン」という言葉を聞いたことがなく、この新しい患者をどう理解したらいいかわからなかった。……〔モン族は〕首にはお守りをかけ、手首には木綿の糸を巻きつけていた……。彼らは樟脳とメンソレータムとタイガーバームとハーブの匂いがした。入院すると、独自の食べ物や薬類を持ち込んだ。ニール・アーンストの患者のひとり――胃腸障害を患う幼い男の子――の両親は、あるとき彼の点滴ボトルの中身を捨てて、代わりにニールの言う「緑色の粘液《スライム》」なるもの、つまり医師たちには成分が特定できない自家製のハーブのせんじ薬を詰めた。モン族の患者たちは騒々しい音をたてた。ときには、生きている動物を院内で屠殺しようとすることもあった。[4]

こうした一節を読んでみて、いかがでしょうか？　どのような印象を受けますか？

――えーと、医師たちから見てモンが奇妙な人たちだってことを誇張するような書き方だと思います。ユーモアも入っているのかなと思いますけど、私はちょっと違和感がありますね……。ふつうに読んだら、読者はモンが、アメリカに適応せず、自分たちの文化にしがみついている人たちだと思うんじゃないでしょうか。

なるほど、そうですよね。では、モンという「異質な文化」をもった他者がいる、と決めつけてしまう前に、もう少し考えてみましょう。まず理解していただきたいのは、この本で描かれているような現代のアメリカが、「文化の違い」をすぐに語りたくなるような状況であるということです。私自身も短期間ですがカリフォルニアに暮らしたことがあるので、この本で描かれている状況はある程度イメージできます。先ほどお話ししたように、東南アジアからの難民が多数流入するようになって以来、カリフォルニアでは、遠くに文化的他者がいるのではなく、時に意思疎通が困難な他者がすぐ隣にいる、という状況が生じました。まるで、自分が生まれ育った街にいながらにして人類学的なフィールドワークをしているような状態ですね（2日目を参照）。もともとの住民たちから見れば、住宅地で動物をいけにえにするような「異文化」をもった「理解困難な他者」がすぐ隣に住んでいることになります。他方で難民たちからしても、水洗トイレやガスコンロ、スーパーマーケットなどなど、アメリカ社会はよくわからない仕組みに溢れている「異文化」であることになります。このように、どちらの視点から見ても、現代のアメリカは「文化の違い」を語りたくなるような状況であると言えます。

これには歴史的な事情も関わっています。かつてのアメリカにおける移民に対する態度は、「人種のるつぼ」という言葉に表現される同化主義でした。ちょっと難しげな言葉ですが、「同化主義」ってわかるでしょうか？「るつぼ」というのは、異なる金属を溶かして一つに混ぜ合わせてしまうような容器のことですよね。そのように、かつてのアメリカにおいて、たとえばヨーロッパ各地からの移民は、それまでの「自文化」を半ば手放し、「アメリカ的生活様式」を身につけるよう導かれていました。その結果、どのような出自であれ、皆が溶け合って、均質な「アメリカ人」になって生きていこう、というわけです。それが「同化主義」と呼ばれる考え方です。理念上、この場合、「文化の違い」といったものが問題になることはありません。それに対し、20世紀後半になると、ヒスパニック系やアジア系の移民が急増し、公民権運動などマイノリティの権利主張も盛んになりました。結果として、アメリカの移民政策は、それまでの「同化」から「文化の多様性」を承認する方向にシフトしたと言うことができます。一面では、それは移民を文化的に同化させるためのコストを割かなくなったということです。結果的に、現代のアメリカ、たとえばカリフォルニアは、「文化の違い」が至るところにあると感じられるようなモザイク的な社会になっています。民族の細かい違いを無視して単純化して言うなら、タイ人はタイ人、ヴェトナム人はヴェトナム人、インド人はインド人、モンはモン……というわけです。先ほど言った、「文化の違い」を語りたくなる社会、というのはまさしくこうした状況です。一時期、現代の「グローバル化」とは文化的な均質化を意味する、といった議論がありましたが、実態はそれとはだいぶ違っていますね。

さて、そのような状況を背景に、この本の最後のところで著者が訴えているのは、文化の多様性に配慮した「異文化間医療」という方向性です。それは具体的には、ある患者に対し、現代の科学的医療で治療をしつつ、同時にその患者が属する民族のシャーマンなどによるカウンセリングも行う、といったやり方です。このような医療は、現代のアメリカで徐々に普及しつつあるとのことですが、著者は、異文化間医療がもっと早く普及していたら、リアの治療をめぐる衝突や行き違いもなかったのではないか、と述べています。

しかしどうでしょうね……私は医療についての人類学的研究の専門家ではありませんが、率直に言うと、著者の掲げる異文化間医療の理念にはちょっと違和感も覚えます。そもそも、「異文化間医療」は本当に「異文化」を尊重していると言えるでしょうか？　あるモンの患者がいて、その患者はてんかんの症状、正確に言えば、科学的医療の観点から見て「てんかん」

に見える症状を示している。この患者には通常の科学的な治療を行うのだが、同時にモンのシャーマンによる治療も行う……うーん、本当にこれが望ましい方向なのでしょうか？　ここにあるのは、一つには、「異文化を尊重しよう」と言えば言うほど他者を「異文化」の中に閉じ込めてしまう、という問題です。患者がモンに属するからその患者に対してモンの「文化的」な治療を行う。本当にそれでいいのでしょうか？

もう一つの問題は、「異文化を尊重して取り入れる」と言いつつ、ここで言う異文化間医療では、「この患者は脳の異常によりてんかんの症状を示している」という科学的な診断の方は揺るがないという点です。ここで言う異文化間医療において、特定の民族に属する患者と科学的な医療者という2つの視点の間には決定的な非対称性があります。モンは「精霊に捕まった」ためにこのような症状が出たと言うが、それはあくまで「文化的信念」にすぎない。他方で、この患者が脳の異常によりてんかんの症状を示していることは「科学的事実」であり、モンやその他の民族がそれについて何を言おうと、この「事実」は揺るがない、というわけです（7日目を参照）。こう考えてくると、この本の「二つの文化の衝突」という副題がちょっとおかしいことがわかってくるでしょう。衝突しているのは2つの対等な「文化」なのですか？　そうではなくて、著者の描き方によるなら、「文化」と「科学」が衝突しているのではないですか？　著者の言う異文化間医療は、揺るがない土台としての「科学」に「文化」を足し算するようなやり方なのではないですか？　というのも、考えるまでもなく、異文化間医療を採用する医療者は、それぞれの民族が言うことを本当には信じていないからです。異文化間医療というのは、見方によっては、他者を、「われわれとは異なる文化や世界観をもつ人々だ」と決めつけておいて、その上でその文化・世界観を尊重しよう、と言うような発想であるように思われます（7日目を参照）。もっともこれはあくまで一つの読み方で、この本については他の解釈もきっと可能なので、みなさん自身が読んで考えてほしいと思います。

　というわけで、『精霊に捕まって倒れる』は、「文化の違い」や「異文化の尊重」を語ってしまうことの現代的問題を考えさせてくれるとてもよい本だと思います。そもそも人類学自体、「多様な文化」を研究し尊重する学問だと言われます。しかし本当にその理解でいいのでしょうか？　以上の話を手がかりに、今日は「文化」概念を取り巻くいろいろな問題について考えてみましょう。

「文化」概念の系譜

　先ほどお話ししたように、多数の難民がやって来てからのマーセドは、日常的に「文化の違い」といったものを語りたくなるような場所でした。これはおもしろい事実ですよね。私たちはふだん、世界にはさまざまな文化があって、それらの間にさまざまな違いがあるのだ、つまりは「文化の違い」というものは当然あるのだと思っています。しかし本当にそうなのでしょうか？ そうではなくて、そもそも世界にはつねに無数の他者がいて無数の差異があるのですが、ある条件下でのみ、そうした差異を「文化」と呼んでまとめ上げたくなってしまう。それが実態ではないでしょうか？ そして、他者との間に感じるさまざまな違いを「文化の違い」と呼ぶことはどこまで適切なのでしょうか？

実は、私たちが日常的に使っている「文化の違い」という概念は、歴史的に見ると比較的新しいものです。哲学や歴史学を勉強したことがない人には、言葉の使い方というものは、同じ言葉であっても時代によって変わるものだということは実感しにくいかもしれませんが、実際そうなのです。これについてはいろいろな説明の仕方ができますが、一つの見方として、「さまざまな文化」という考え方が一般化したのは、ヨーロッパでは19世紀から20世紀はじめのことだと言うことができます。20世紀はじめというのは、初日の授業でもお話しした通り現在に至る人類学が誕生した時期です。なので、人類学はまさしく、その頃新しく誕生した「さまざまな文化」という語り方を引き受けて成立した学問だと言うことができます。そして、今日の授業の後半でお話しするように、20世紀がすでに終わってしまった今、人類学における「文化」という言葉の使い方自体が問い直されるようになっています。それが今日の講義のテーマです。

なお、人類学者の間では、「文化」ほどに基本的な単語を明確に定義することは難しいと言われています。半ば笑い話ですが、20世紀の半ばにアルフレッド・クローバーとクライド・クラックホーンという2人の人類学者が、「文化」概念の明確な定義を打ち立てるために、それまでの文献を幅広く検討したところ、実に164種類の「文化」の定義が見つかったそうです。[6]つまり論者によっててんでバラバラということですね。次に、人類学誕生以前にまで時間をさかのぼって、そこで「文化」という言葉がどのように使われていたかを見てみましょう。引用したいのは、マリノフスキによって長期フィールドワークの方法が樹立される以前の代表的な人類学の理論家であるエドワード・タイラーが、1871年の本で書いた一節です。この一節は、人類学におけるもっとも古典的な「文化」の定義とみなされています。

広い民族誌的な意味で言う文化あるいは文明（Culture or Civilization）とは、知識・信仰・芸術・道徳・法律・慣習・その他、社会の一員として人の得るあらゆる能力と習慣とを含む複雑な全体である。[7]

どうでしょう。長期フィールドワークの方法が確立する以前の19世紀後半の文章ですが、みなさんはふだん19世紀の文章に触れることなどほとんどないでしょう。さてそれでは、この文での「文化」の概念の使い方について何か気付くことはありますか？

——えーと、「文化」の定義と言いつつ、「文化あるいは文明」と書いていますね。orは言い換えの意味だと思いますが……「文化」と「文明」を並べてしまっていいんでしょうか？

おー、鋭い指摘ですね。そのことが、まさしく「文化」概念の歴史的変遷と関わっています。では、「文化」と「文明」はどう違うと思いますか？

——うーん……「文化」は世界中どこにでもあるものですよね。たとえばマライタ島には「マライタ島の文化」がある、というように。でも「マライタ島の文明」という言い方はしません。「古代ギリシア文明」とか「エジプト文明」とか言うように、特別に発達したものだけが「文明」と認められるのだと思います。

なるほど、的を射た説明だと思います。となると、私たちは現在では「文化」と「文明」を使い分けているわけです。今言ってくれたように、「文明」が、とくに高度に発達しているとされるものだけを特権的に名付けるものであるのに対し、今、私たちが使う「文化」はもっと平等で相対主義的な概念だと言えるでしょう。すぐ後で説明しますが、「相対主義的」という言葉はわかりますか？　「世界中の誰でも、自分が属するローカルな文化をもっていて、それらに優劣はない」というわけです。先に『精霊に捕まって倒れる』を例にとって論じたのも、そのような意味での「多様な文化」でした。

ところが、タイラーの一節が教えてくれるのは、現在とは逆に「文化」と「文明」がほぼ同じことの言い換えであった時代がある、ということです。言い換えるなら、この一節を見ることで、「文化」という概念の19世紀までの使い方とそれ以後の使い方の違いを感じ取ることができます。また、現在私たちが当たり前だと思っている「文化」の用法が、実はかなり新しいということを知ることもできます。あえて単純化して言うなら、ここに読み取ることができるのは、19世紀から20世紀はじめにかけて起こった、単数形で大文字の「文化」（Culture）から複数形で小文字の「文化」（cultures）へ、という変遷です。[8]前者の単数形で大文字の「文化」は、人間である以上すべての人間が共有しているものであり、なおかつ段階的に進歩し洗練されていくものと想定されていました。その点で、この「文化」は、先ほどのタイラーの定義にあったように、「文明」と互換的だったわけです。今ではあまり聞かないかもしれませんが、「人間は、文化をもつ点で他の動物とは違う」といった言い方がなされるとき、この19世紀以前の大文字の「文化」の概念が用いられています。そこで問題にされているのは、人間を「文化的」な存在にしている「文化」一般であり、「マライタ島の文化」のような個別の「文化」ではありません。

それに対し、19世紀の途中から、「文化」をそれまでとは違った仕方で使うような動きが起こってきます。この文脈では、とくにドイツのロマン主義と呼ばれる文化的な運動が重要だったと言われます。ごく図式的に言うなら、18世紀末以降、フランスがその主な担い手になっていたところの、単数形の「文明の進歩」の理念に反発したドイツのロマン主義者たちは、各地域あるいは各民族の固有性を主張するようになりました。ここにまさしく、「文化は地域・民族によってさまざまであり、それぞれに価値がある」という現在に至る「文化」の概念、先ほどお話しした、複数形で小文字の「文化」が登場したと言えます。

さらに、このように19世紀のドイツを中心に生まれた複数形で小文字の「文化」の概念は、19世紀末以降、次にご紹介するボアズらの人類学者によって、生まれたばかりのアメリカ人類学に輸入されます。その結果として、「多様な文化」を研究することこそが人類学の務めなのだ、という理解が生まれることになりました。いかがでしょうか？「文化の違い」とか「文化の多様性の尊重」といった、現在私たちが当たり前だと考えている発想が、実はせいぜい100年から200年の比較的短い歴史しかもたないものだということ、あるいは、私たちがよく知っていると思っている言葉も、時代によって大きく違った意味で使われてきたということがおわかりいただけたでしょうか?

ボアズと文化相対主義

たった今お話ししたように、「文化」をキーワードとする人類学は、20世紀初頭以降、主にアメリカ合衆国で発達しました。現在でも一般的な「文化人類学」という呼び名はそのことに由来します。そして、このアメリカにおける文化人類学の生みの親と言われているのが、19世紀末から20世紀前半にかけて活躍したフランツ・ボアズという人類学者です。「多様な文化を研究するのが人類学の務めである」という、現在でも一見当たり前の考え方自体、ボアズとその学生たちに由来するものなので、ここでこの時代について振り返っておきましょう。[9]

ボアズは1858年にドイツで生まれ1942年にアメリカで亡くなったユダヤ系の学者です。1880年代からカナダの極北地方でフィールドワークを行っていましたが、やがてアメリカに移住し、1899年にはコロンビア大学の教授になりました。アメリカの大学で人類学の講座が設けられるようになった最初期のことです。コロンビア大学でボアズは、先ほどのクローバーやルース・ベネディクト、マーガレット・ミードら、後に活躍するアメリカ人類学の第二世代を育て、そのために今日「アメリカ人類学の父」とみなされています。また、ボアズの弟子にはドイツ語圏からの移民が多く、そのためにドイツ・ロマン主義的な「文化」概念がアメリカに導入されたのだ、という説もあります。同じくボアズの学生だったメルヴィル・ハースコヴィッツは、後にボアズの考え方を「文化相対主義」と名付けます。文化相対主義については すぐ後で説明しますが、小文字で複数形の「文化」を、いずれも等しい価値をもつものとして記録し研究することこそが人類学の務めだ、という現在に至る考え方は、まさしくそこから始まったと言うことができます。

ボアズは、19世紀のヨーロッパで支配的だった進化主義、つまりは、「進化」と「進歩」をしばしば混同し、先ほどの、どんどん進歩していく「文明」を信じる考え方に徹底的に反発した人でした。たとえばこの頃までは、博物館で世界各地の文物を展示する際、それらを「文明の進歩」の序列に従って陳列することが一般的でした。それに対しボアズは、そうした序列を排し、あくまでそれぞれの民族、あるいは小文字の「文化」を単位として陳列することを主張しています。同じように、ボアズの研究スタイルも、今から見ると特異なものでした。ボアズは、それぞれの民族の口頭伝承などの語りを、その民族の文化的なコアのようなものを表現するものとして重視しました。そして、有能な現地人のアシスタントを通訳として使いながら、膨大な口頭伝承を書き取ることに力を注ぎました。現在から見て奇妙なのは、ボアズはそうした語りを記録して、個別の「文化」の断片を保存すること自体に意味があると考えており、それらに分析を加えることにはほとんど関心をもっていなかったということです。結果としてボアズは、ほとんど分析や考察をともなわない膨大な語りの書き取りを残すことになりました。ボアズは、個別の「文化」にはそれ自体として価値があると考えていたのであり、それを書き取りなどのかたちで保存することに力を注いだわけです。

さて、先ほども言ったように、複数形の「文化」に向き合う際のボアズのそうした姿勢は、後に「文化相対主義」と名付けられ、現在でもそれは人類学の基本的な考え方の一つとされています。この「文化相対主義」の考え方を、ここでは4つのポイントにまとめておきましょう。

（1）それぞれの文化は独自のものであり、単一の尺度で評価することはできない。
（2）個々の文化はそれ自体として尊重されるべきである。
（3）ある文化を評価しようとする場合、その基準自体が自文化の産物＝ボアズの言う「文化メガネ」であり、そうした評価は客観的とは言えない。
（4）文化人類学はそのような「文化メガネ」への反省を促す学問である。

さてどうでしょう。ボアズ流の文化相対主義の原則について聞いてどう思いますか？　これらの原則は今でも生きているのでしょうか？

――私は納得します。いろいろな文化があるけど優劣をつけることはできないし、私たちが異文化を見るときにはどうしても自分の基準で見てしまうと思います。ボアズの言ったことは正しいと思います。

なるほど、そうですよね。今から約100年前の議論とはいえ、ボアズ流の考え方は、現在でも私たちが複数形の「文化」について考えるときの常識になっていると言うことができます。そちらのあなたはどうですか？

――人類学が自文化を反省する学問だ、というメッセージに僕も共感しました。この授業を受けるまで、人類学というのは単に世界各地の「○○文化」について調べる学問だと思っていましたけど、実際には自文化への反省という側面も大切ですよね。今日扱っている「文化」の概念についての反省もまさしくそうですけど。

「文化」を語ることの問題

ありがとうございます。今の点は、まさしく今日の講義のポイントですよね。あらためてまとめると、ボアズの文化相対主義的な路線には、20世紀のアメリカ人類学の特徴がすでにはっきりと示されていました。便宜上それを2点にまとめると、まず、世界には多様な「文化」があるのであり、そうした複数形の「文化」のそれぞれを綿密に研究するのが人類学だ、という想定。それから、そのような人類学の研究は自文化を反省する手がかりになるという想定です。自文化への反省という側面は、1日目の講義のはじめに「太陽の塔」を例にお話ししたような、人類学の対抗文化的な批評性ということとも関わりますね。

先ほども答えてくれたように、ボアズ以降の文化相対主義というのは一見もっともな考え方です。しかし、そこに何か問題があるとしたらどうでしょうか？　具体的に言うと、20世紀のアメリカ人類学の歴史を見て気付くのは、「個別の文化を尊重し、綿密に記録する義務があるのだ」という想定が、しばしば、「異文化」とされるものを固定的・図式的に描き出してしまうことにつながったという事実です。

このことは、先にも触れたコロンビア大学におけるボアズの弟子たちであるミードやベネディクトといった人類学者たちの事例によく表れています。ボアズに続いてアメリカで人類学を確立することを目指していたミードらは、結果的にアメリカ人類学を「文化批評」の学問として、つまりは、「異文化」を鏡として現代アメリカ文化を反省的に見つめ直すような学問として提示することになりました。たとえばミードが1928年に出版した『サモアの思春期』は、南太平洋のサモアの若者たちの自由な恋愛や性生活を、同時代のアメリカにおける「思春期問題」とはっきりと対比するものでした。[10] またベネディクトは、1934年の『文化の型』で、アメリカ先住民のプエブロ、メラネシアのドブ島の人々、それからボアズが調査したクワキウトゥルという3つの集団を取り上げ、それらについて、あたかも個人に性格があるのと同じようにそれぞれの文化にも「パターン」があるのだ、という図式的な議論を提示しました。[11]『サモアの思春期』と『文化の型』は、当時のアメリカで大ベストセラーになったことが知られています。さらにベネディクトは、第二次世界大戦中、敵国民である日本人の文化的性格をアメリカ人と対比しつつ分析する『菊と刀』をも書いています。[12]

これらの著作を特徴付けている「文化批評」とは、「異文化」と「自文化」を対比し、それによって「自文化」を見つめ直すという動機にほかなりません。先ほども言ったように、そこには一種の対抗文化的な性格を見て取ることができるでしょう。しかし、現在から見るとき、そこには、「自文化」との明確な対比を描き出したいがゆえに、「異文化」をしばしば類型的あるいは固定的に描き出してしまっているという問題がありました。このことは少し考えればわかるでしょう。たとえば、サモアの若者生活と対比することで現代アメリカ社会を批評しようとする人類学者は、仮にサモアで現代アメリカと似たような行動に出会った場合、ともすればそれを無視してしまうのではないでしょうか？　それは言い換えれば、アメリカ式の文化批評を目指す人類学者は、「われわれ」と対比されるべき顕著な、あるいは純粋な「異文化」を求めてしまうということです。同じことは、先ほど紹介した『精霊に捕まって倒れる』での「モン文化」の描き方についても言えるかもしれません。一面では、あの本もボアズやミードによる「多様な文化」という語り方の子孫なわけです。

みなさんに言いたいのは、人類学者が一見当たり前のように使っている「文化」という概念それ自体に、そうした図式化がしばしばともなっているということです。授業の最初にお話しした、多文化交流センターの太鼓や浴衣のことを思い出してください。私たちはふだん、「日本文化」というイメージをどうつくり出しているでしょうか？　あるいは、みなさんが仮にマライタ島でフィールドワークをしているとしましょう。現地の人々が、ある催しで、上半身裸で腰蓑を着けて踊っている場合、みなさんはその姿を喜んでフィールドノートや写真に記録するでしょう。実際には腰蓑はマライタ島の「伝統的衣装」ではありませんが。しかし他方で、現地の若者たちがスマートフォンをアンプとスピーカーにつないでアメリカのポピュラー音楽を流し、Tシャツとジーンズを身に着けて踊っている場合はどうでしょうか？　下手をすれば、こちらは「文化」とは言えないので記録しないということになりかねないでしょう。しかし、こうした選別はどこかおかしくないですか？

大理石と植物

以上でお話ししてきたように、これまでの人類学には、「多様な文化を尊重する」と言いつつ、その「文化」概念それ自体が時に、他者を固定的な枠組みの中に閉じ込めてしまうという問題がともなっていました。それと同時に、1日目に触れたようないわゆるグローバル化の中で、「世界にはそれぞれ異なる無数の文化が並存している」というイメージも、一面で説得力を失ってきました。では、私たちはこれまでの「文化」概念の限界からどのように抜け出すことができるのでしょうか? この問いについて考えるための手がかりの一つとして、21世紀に入ってからの人類学の理論的なリーダーの一人であるブラジルの人類学者、エドゥアルド・ヴィヴェイロス・デ・カストロの議論を見てみたいと思います(ヴィヴェイロス・デ・カストロについては7日目も参照)。私が友人と訳した『インディオの気まぐれな魂』という本(原著2002年)は、現代において「文化」という概念をどうつくり直せばよいかについての刺激的なマニフェストと言えます。[13]

この本でヴィヴェイロス・デ・カストロが注目するのは、16世紀の南米大陸におけるヨーロッパ人宣教師と先住民の出会いの場面です。1日目にも触れたように、当時のヨーロッパ人にとって南米先住民は、現代のアメリカにおけるモンの比ではないような、まったく異質で未知の他者でした。宣教師たちは、先住民が、集団間の戦闘・復讐やそれにともなう食人の慣習をもつことを嫌悪し、それにとまどっていました。しかしそれ以上に、宣教師たちが異口同音に語っていたのは、容易にキリスト教を受け入れたと思ったらすぐに旧来の慣習に戻ってしまうような、先住民たちの「気まぐれさ」でした。そしてヴィヴェイロス・デ・カストロは、この「気まぐれさ」という印象は、単なる宣教師たちの偏見では決してなく、南米先住民における「文化」のあり方のある特質を表しているのだ、と考察します。

中でも、ヴィヴェイロス・デ・カストロが考察の手がかりとしているのが、当時の代表的な宣教師であるアントニオ・ヴィェイラの言葉です。ある文章の中でヴィェイラは、「大理石を彫った像」と「ギンバイカという植物の枝を刈り整えて作った像」という対比的な比喩を提示しています。彼によれば、大理石という素材は硬いので、それを加工して像を作ることは容易ではない。しかし、いったん彫刻が作られれば、その形状は何もしなくても半永久的に維持される、と彼は言います。これに対し、ギンバイカのような植物を刈り整えて像を作る場合、作ることは非常に容易だけれど、数日もすればまた枝が好き勝手に伸びてくるので、それを像のかたちに維持するためには多大な労働が必要である、と彼は書いています。そして、ヴィェイラが言いたいのは、キリスト教の宣教師たちが旧世界で出会ってきた異教徒たちが大理石のようであったのに対し、南米先住民たちはまさしくギンバイカのようだ、ということです。南米先住民たちは、ごく簡単にキリスト教を受け入れたかと思ったら、すぐに旧習の中に帰って行って、あたかも言うことをきかない植物のようだ、というわけです。ここにこそ、宣教師たちが異口同音に語った先住民の「気まぐれさ」があります。

それでは、私たちはこの「気まぐれさ」をどのように受け取ればいいのでしょうか？　ヴィヴェイロス・デ・カストロは、ここに、私たちが常識として抱いている、大理石のような「文化」モデルを相対化するものを見出しています。すなわち、私たちは「文化」を暗黙のうちに、「ずっと同じ状態にとどまろうとするもの」、「西洋化・グローバル化のような外部からの暴力的な圧力によってのみ変化するもの」、「いったん変化すると元にはもどらないもの」として見ています。しかし、宣教師たちが南米大陸で出会ったのは、そのようなモデルには当てはまらないような、植物的な「文化」のあり方だったのではないでしょうか。南米先住民の文化についてヴィヴェイロス・デ・カストロが展開する議論については、ぜひこの本を読んでみてください。決して難しい本ではありません。彼はそこで、南米先住民の文化を、大理石のように同じ状態にとどまろうとするものではなく、むしろ、つねに他者を取り込むことによって変化し続けようとする運動体として理解します。ここでの他者には、戦闘の相手である敵、ヨーロッパ人、あるいは動物や神々など、さまざまなものが含まれます。この点は、昨日の講義でお話ししたように、アシの人たちが私を「お婿さん」と呼んでいたことにも通じますね。そのように、「われわれはわれわれである」という固定した自己同一性ではなく、つねに他者を取り込み、他者のようになろうとする運動を原理とする文化を理解するためには、アメリカ人類学にも一面で見られたような、これまでの大理石的な「文化」概念では不十分なのではないか。それがヴィヴェイロス・デ・カストロの問題提起です。

アイデンティティの識別不能地帯で

いかがでしょうか。「世界にはさまざまな文化がある」と前提してそれぞれの「文化」について研究するのではなく、そこで前提されている「文化」概念自体を問い直す必要があるのではないか――そのような現代人類学の問題提起を理解していただけたでしょうか。残りの時間で、そのような問題意識を共有する人類学的研究を、私自身の研究も含めて2つご紹介したいと思います。1つ目は、私の大学院の指導教員であった箭内匡《やないただし》による、南米チリの先住民マプーチェについてのエスノグラフィー（2002年）です。[14]

1990年前後のチリでのフィールドワークにおいて箭内は、現代のマプーチェが、「伝統主義的マプーチェ／キリスト教を受け入れたマプーチェ」、「都市のマプーチェ／村落のマプーチェ」といった切り分けの図式に回収することができないような、複雑な変化の中に置かれているのを見出しました。そのようなマプーチェの人々の現状を、箭内は、「思考の中で、たえまなく「自己」が「他者」になり、「他者」が「自己」になる」[15]状況と形容しています。それでは、そのように人々のアイデンティティが激しく揺らいでいる現代のマプーチェの状況を、どのようにエスノグラフィーとしてとらえることができるでしょうか? 箭内はそのためには、「伝統主義的マプーチェ」や「都市のマプーチェ」といった概念、言い換えれば、通常の社会科学的な分析において人々をとらえるために用いられるような固定的な枠組みでは不十分だと言います。それに対して彼は、そのような枠組みをそもそも形成しているような、より根源的な動きや力のレベルにさかのぼっていくようなエスノグラフィーを探求します。彼はそれを「生成」のエスノグラフィーと呼ぶのですが、そのようなエスノグラフィーにおいて、人々の語りや振る舞いは、「伝統主義的マプーチェ」や「都市のマプーチェ」といった枠組みが一時的に解除されることで生まれる「アイデンティティの識別不能地帯」のあらわれとして分析されます。

箭内が挙げている印象的な例の一つに、セバスティアンという老人の語りがあります。フィールドワーク当時、彼は、自身はマプーチェの伝統的儀礼における重役を務めていながら、息子たちがプロテスタントに改宗し儀礼を放棄したことにショックを受け、悩んでいたそうです。箭内は、そのような苦悩の時期にセバスティアンが見た夢についての語りを紹介しています。

セバスティアンは深い悲しみに沈み、マプーチェの宗教の意義そのものをも疑い始めた。そうしたある日、非常に印象的な夢を見た。夢の中で、彼は、青空に、大勢の人々が、馬に乗って反時計回りに空中を旋回しているのを見た（ちょうどマプーチェの人々が村のカマリクン儀礼の中で、馬に乗って儀礼場の周囲を旋回するのと同じ具合に）。さて、この大勢の人々の間からヘリコプターが現れ、このヘリコプターは、人々とともに青空を四回旋回したあと、セバスティアンの家の庭に降りてきた。そこから二人のチリ人軍人が現れ、そのうちの一人が、腕を天に差し伸べながら、セバスティアンに言った。「辛いとき、悲しみに沈んでいるときには、空を見上げるのだ！」（ちなみに、「空を見上げる」という表現はマプーチェ語の püräkintun に相当するが、マプーチェ語でこの言葉は、「神に祈る」という意味にもなる）[16]。

馬が反時計回りに空を回っており、伝統的儀礼「カマリクン」かと思ったら、そこにヘリコプターが混じっており、おまけにそこからチリ人の軍人たちが降りてくる——古いものと新しいもの、在来のものと外来のものが混じり合ったこの夢の語りは、一見したところ「わけのわからない」語りだと言えるでしょう。「純粋な伝統文化」だけを収集しようとするかつての人類学者であれば、このような「不純な」語りはノートに記録さえしないで無視してしまったかもしれません。私たちはしばしば、「伝統的なマプーチェ文化」がもともとあり、それがキリスト教その他の「外部からの影響」によって衰退しつつある、といったふうに考えてしまいがちです。しかしこのセバスティアン老人の夢の語りは、そうした「伝統的なマプーチェ文化」と「外来の近代性」といういずれの枠組みにも回収しがたい点で、独特なイメージを提示しています。中でも、ヘリコプターから降りてきたチリ人軍人によって、セバスティアンが「空を見上げる」ように、すなわち、マプーチェの「神に祈る」ように、と教えられるという逆説は非常に印象的です。箭内はここに、セバスティアンが、外来の近代的な力に浸透されつつ、新たなかたちで伝統的宗教を引き受け直すという、同時代のマプーチェたちにも共有された生成的な運動を遂げようとしていることを読み取っています。この混淆的な語りは、伝統的儀礼のイメージと外来の近代的「力」のイメージが、今日のマプーチェの存在の中ですでに不可分になっていることを、人類学者とセバスティアン自身の双方にとって思いもかけない仕方で示しているのです。その意味で、それは、まさしく先に述べた「アイデンティティの識別不能地帯」のあらわれであると言えます。このような語りに着目するエスノグラフィーには、今日お話ししてきたような大理石的な「文化」概念を逃れる可能性が示唆されているとは言えないでしょうか。

マライタ島の「文化」？

次にマライタ島の事例に戻りましょう。サンゴ礁に岩を積み上げて多数の島を築き、その上で暮らしてきたアシの生活様式は、一見した限りではいかにも「異文化」です。またほとんどの人は、はじめてアシの暮らしについて聞いたとき、「きっとそのような生活様式は何百年も前から続いてきたのだろう」と思うでしょう。なぜなら私たちは、先ほどのヴィヴェイロス・デ・カストロの議論にもあったように、固有の「文化」というものは昔からあるものであって、それが急にできたりすることはない、あるいは、そうした「文化」は歴史的過程の中で滅びることはあっても増えてくることはない、と暗黙のうちに思い込んでいるからです（5日目を参照）。ところが、私の調査から明らかになったのは、こうした想定とはまったく異なる事実でした。

アシの人々が住んでいる地域にヨーロッパ人が継続的にやって来るようになるのは、１８７０年代以降のことです。この時期以降、ヨーロッパ人の訪問者によって、アシ地域についての散発的な記録が残されるようになるのですが、これらの記録には、アシの島々の形成史について興味深い事実が見出されます。たとえば、１９００年代に英国国教会の宣教師たちの船でアシ地域を訪れたフローレンス・クームは、アシ地域の島々は「20個くらい」と記録しています。また、１９２７年にアシの人々の下に滞在したウォルター・アイヴェンズという宣教師の著書には、35個の島がそれらの名称とともに列挙されています。これに対し、１日目の講義でお話しした通り、現在のアシ地域には90個以上の島が現存します。すなわち、これらの記録を信じるなら、アシの島々の大多数は、今からお話しするように、アシ地域がすでに西洋世界と継続的に接触するようになっていた20世紀初頭以降に建設されたものと考えられます。アシの島々は、意外と言ってよいほどに新しいのです。

私の調査地であるフォウバイタ村沖に関して、そのような推定を否定する証言は得られていません。アイヴェンズの著作や、フォウバイタ村の教会に保存されている洗礼・死亡記録などの文書、および過去の居住者たちの系譜や移住史、つまり、ある人がどの島からどの島へ移住したかなどに基づく推定によれば、フォウバイタ村沖の16島のうち、アシ地域が西洋世界との継続的接触の下に置かれるようになった１８７０年代より前に建設されたのは、わずかに1～2島のみです。また同様な推定によれば、16島のうち、8島前後が１８８０年代から１９３０年代の間に集中的に建設されたと考えられます。このように、現在見られるアシの島々は、ヨーロッパ人が継続的に来訪し、マライタ島が制度的にも実質的にも植民地化されていく時代に急速に拡大したのです。

このように見てくると、アシの島々を「マライタ島の伝統文化」とみなす見方がだんだん揺らいでくるのではないでしょうか。そもそも、アシの島々がヨーロッパ人の来訪以後に集中的に建設されているという事実は、「文化」についての私たちの常識に反します。というのも、私たちはふつう、アシの島々のような独自の「文化」は、植民地化のような外部からの影響が及ぶことで衰退するものであり、逆に外部からの影響によって新たに生まれることなどないと、まさしく大理石的に考えているからです。このような意外な事実に接することで、マライタ島での私のフィールドワークは、「何百年も前から続く伝統文化」や「外部からの影響によって衰退しつつあるローカルな文化」というイメージとはまったく異なる「文化」のあり方に直面することになりました。

ところで、それではなぜ19世紀末から20世紀はじめに新たな島が急増しているのでしょうか。記録の乏しいこの時代についてはあくまで大雑把な推定しか行うことができませんが、ここにはおそらくいくつかの要因が関わっています。第一に、連作に強いサツマイモが海外から導入されたことにより、島々に居住し海岸部を耕作することが容易になったこと。昨日の講義でお話ししたように、マライタ島の伝統的な主作物はタロイモでしたが、タロイモは連作ができず広い土地を必要とする上、あまり肥沃でないマライタ島海岸部での栽培には適さなかったと言われています。アシの人たちが海岸部をサツマイモ栽培に利用するという現在のような状態は、それ自体が西洋世界との接触の歴史的産物であると考えられます。第二に、西洋世界から鉄製の刃物や棒が流入し、島の建設が飛躍的に容易になったこと。鉄器の流入以前のマライタ島においては、「ナギ」と呼ばれる一種の打製石器が刃物として用いられていました。そのような道具で海底のサンゴを打ち割る労働は容易でなく、それを踏まえれば、鉄器の流入以後に島の建設が急激に活発化したことは容易に想像できます。そして最後に、ヨーロッパ人との接触を通してマライタ島に銃器が流入し、そのために、それ以前からある集団間の戦闘が激化したこと。これによって、1日目の講義でも触れたように、防衛目的の居住形態という意味をもつ島々への居住が促されたと考えられます（アシの島々と戦闘の関係については5日目を参照）。

「文化」から「文化？」へ

いかがでしょうか。このように見てくると、マライタ島での私のフィールドワークが、一見エキゾチックな「伝統文化」を対象としているように見えて、実際には、この研究の中で「文化」の概念がさまざまに揺らいでいることがわかると思います。さらに、今日の講義の最後に1つのエピソードを紹介することで、現代においてこのようなフィールドワークをすることの意味、そこで遭遇する「文化」のあり方について考えておきたいと思います。

昨日の講義でも触れましたが、私が住み込みをしていたフォウバイタ村の端には小さな川が流れています。冷たい水がいつも豊富に流れていて、川底が石灰岩であるため、光が当たると鮮やかな水色に見える、とてもきれいな川です。すでにお話しした通り、マライタ島は暑いので、1週間に1回くらいこの川に行って冷たい水で水浴びをすることは、フィールドワーク中のささやかな楽しみでした。

ある夕方、私が川に水浴びに行くと、すでに水浴びをしている先客がいました。おそらく隣村の男性で、私にとってははじめて見る相手でしたが、全身をせっけんまみれにして水浴びをしていました。私は「おや、はじめて見る相手だ」と思いましたが、見知らぬ外国人を見て驚いたのは相手の方でしょう。「こんなところで何をしているんですか?」と彼は私にピジン語で尋ねました。それに対して、私はアシの言葉で、「私は日本から来た人類学の学生で、アシの生活について調査(リサーチ)をしているんです」と答えました。すると驚いたことに、その男性は、「それはいいですね、私も調査をしているんですよ!」と答えたのです。

「私も調査をしている」という現地の男性の言葉は、まったく思いがけないものと言えます。現地の人が「調査をしている」!? みなさんはこれが何を意味しているかわかるでしょうか?実はこの言葉は、昨日の講義の最後にお話しした、島々や海岸部の土地を去って、マライタ島内陸部の「故地」に帰ろうとする現在の動きと関わっています。現在のアシは、土地不足への懸念から、「よそ者」である自分たちがより安定した土地権を主張することができる「故地」を、マライタ島内陸部に見つけようとしています。「故地」を特定するためには、自分たちの一族が、どこから、いつ、どのような経緯で移住してきたのかを、多数の言い伝えをつなぎ合わせることで特定する必要があります。具体的には、親戚の長老のような人たちを訪ね、言い伝えについて尋ねることでそうするわけです。実は、そのようにして言い伝えや一族の歴史について調べる作業のことを、現在のマライタ島では「調査」（リサーチ）と言うのです。実際、多くの人が「故地」を特定しようとしている現在、そのような「調査」に取り組んでいる人はたくさんいます。私も、そうした人たちから、「調査」の成果を書き記した秘密のノートを見せてもらったことがたびたびあります。水浴びをしている男性の、「私も調査をしています」という言葉はそのような意味だったのです。

このように見てくると、現在のアシの人々のあり方が、「大理石のように何百年も変わらない伝統文化」にどっぷり漬かった人々という姿とはまったく異なることがわかってきます。そもそも、アシの生活様式自体、19世紀末以降に拡大した比較的新しいものでした。しかもそれは、現在、土地不足などの懸念から、大きく揺らぎつつあります。そして、そのような状況の中で、アシの人々自身が、「自分たちはどこで、どのように暮らすべきなのか」という模索を行っているのです。これは、「ローカルな伝統文化が外部からの影響によって衰退しつつある」というよりはるかに複雑な状況であり、先のセバスティアンの夢と同様、まさしくマライタ島における「アイデンティティの識別不能地帯」と呼ぶことができるでしょう。

このような状況で人類学的なフィールドワークをするとはどういうことでしょうか？　キャッチフレーズ的にまとめるなら、ここには、「マライタ島にはマライタ島の文化がある」というように比較的安定したものと想定された「文化」について研究するこれまでの人類学から、複雑に揺らいでおり、現地の人々自身によって問い直されている、クエスチョン・マーク付きの「文化?」について研究する現代の人類学へのシフトが表れていると言えるでしょう。マライタ島のような低開発地域を見ると、私たちはともすれば、「何百年も変わらない伝統文化」や「グローバル化の中で衰退しつつある伝統的コミュニティ」を、まさしく大理石的に想像してしまいます。しかし、フィールドワークを通して綿密に見るならば、そこには、先ほどの箭内のエスノグラフィーにもあったような、無数の変化と生成的な運動を見て取ることができます。まさしくヴィヴェイロス・デ・カストロの言う、植物のような文化のあり方ですね。そして、それを見出すことこそが、現代の人類学の務めなのではないでしょうか。いわゆる「多様な文化」の研究から、現代の人類学がどれだけ遠くへ来ているか、今日の講義を通じてわかっていただけたでしょうか。

4日目

人類学では
文章などによる表現が
なぜ大切なのか？

サンゴ礁で漁をするアシの少年

エスノグラフィーを読む

それでは、4日目の講義を始めましょう。今日のテーマは、「人類学では、文章や写真、映像による表現がなぜ重要なのか？」です。

――先生！　授業で聞いてマライタ島のことに興味をもったので、先生が2022年に出した『不穏な熱帯』[1]という本を図書館で借りて読んでみました。まだ途中ですが。

そうですか、興味をもってもらえるのは本当にうれしいです。何か感想はありますか？

――この本も、先生が授業で言うエスノグラフィーなんだと思うんですけど、フィールドワーク中の日記が引用されていたり、いろいろな謎を抱えた人物が次々に出てきたり、なんか小説みたいだなと思いながら読んでいます。あと、写真もページいっぱいに大きなサイズで印刷されていて、ついつい見入ってしまいます。

そう感じながら読んでもらえるならねらい通りです。本の後半に行くと、いろいろな出来事が起こっていよいよミステリー小説のような展開になるので、ぜひ最後まで楽しんで読んでください。ミステリー小説のようと言っても、書かれていることはすべて実話ですが。

いいですね。『不穏な熱帯』の話はまさしく、今日の講義のテーマである、人類学における表現の問題に直結します。読んでいない人はピンとこないと思うので、ちょっと説明を補っておきましょう。『不穏な熱帯――人間〈以前〉と〈以後〉の人類学』という本は、私が出版した2冊目のエスノグラフィーです。この本は、今言ってくれたように、フィールドワーク中の日記やマライタ島についての人類学的な考察、それからこの講義でも扱っているような現代の人類学理論など、いろいろな内容を重層的に重ね合わせた形式になっています。本全体の柱になるのは、東日本大震災直後の２０１１年にマライタ島でフィールドワークをした際の一連の驚くべき体験です。人類学やエスノグラフィーになじみがない人たちに興味をもってもらえるように、内容をちょっとキャッチーに紹介するとこんな感じです。

東日本大震災から間もない２０１１年7月、若き人類学者は南西太平洋でのフィールドワークに赴いた。岩を積み上げて人工の島を築く人々。海を隔てて届いた「ツナミ」。間近に迫った教会の祭典。村の隠された歴史と一人の女性との出会い。そして、ある日の暴風によって一本の木が倒れたことをきっかけに、事態は思いもよらない方向に動き出す――

この紹介文からもうかがえるように、『不穏な熱帯』は物語性を非常に強調したエスノグラフィーになっています。もしかしたら、人類学の世界で学問的に許されるぎりぎりまで、と言えるかもしれません。この本の内容や書き方については今日の授業でも論じますが、興味がある人はぜひ手に取ってみてください。

それでは、私はなぜそのようなエスノグラフィーを書こうと思ったのでしょうか。ちなみに、私が出版した1冊目のエスノグラフィーは、2017年の『「海に住まうこと」の民族誌――ソロモン諸島マライタ島北部における社会的動態と自然環境』という本です。[2] これは、マライタ島でのフィールドワークに基づく博士論文をほとんどそのまま出版したもので、『不穏な熱帯』に比べれば硬い学問的なスタイルになっています。

さて、1冊目を出版した後で、いくつか積み残した大きな課題があるように思われました。その一つは、博士論文のような学問的なスタイルのエスノグラフィーが、いったいどれだけの読者に届くだろうか、という疑問でした。今日の本題とも関わりますが、特定の地域や集団について数百ページにもわたって詳細に書いたエスノグラフィーというのは、人類学を専門としない読者には非常にとっつきにくく、読みにくい文章です。人類学の分野では、詳細であることと自体に一つの価値が見出されていて、たとえばマライタ島についての民族誌には、はじめの方に「アシにおいて、父方のオジは『マカ』、母方のオジは『コー』と呼ばれる」などといったことが書いてあります。あるいは、「フォウバイタ村では、マエリとカベオア(いずれも人名)が村の土地所有を争って対立している」などと書いてあるかもしれません。マライタ島に行く予定もない読者には、「それがどうしたのか?」という感じですよね。

1日目の講義でお話しした通り、私は人類学を学び始めたのが非常に遅く、それからもずっと、半ばアマチュアのようなかたちで人類学に関わってきました。そのような私からすれば、自分が書くエスノグラフィーがそのように非常に読みにくくて、ごく少数の専門家にしか届かないことには我慢がなりません。「それでは、マライタ島についてのエスノグラフィーが多くの読者、たとえばかつての私自身のような読者に届くようにするにはどうしたらいいのか?」と考えるようになったわけです。

人類学における表現の問題

今日の講義の本題について言うと、現代の人類学においては、文章、写真や映像による表現がしばしば重視されます。このことは、少なくとも外見上、他の学問分野との大きな違いと言えるでしょう。たとえば自然科学系の分野においては、実験のプロセスと結果を簡潔で正確な文章で書き記せばいいのであって、読者に強い印象を与えるとか、何らかの感情を喚起するといったことは求められないと思います。経済学などの社会科学についてもおおよそ同様でしょう。実際には、自然科学や社会科学の分野で表現が求められていないのではなくて、「科学的」として通用するような文章のスタイルが暗に求められているのですが。

ではなぜ、人類学においては表現が大切なのでしょうか？ なぜ、読者にある種の印象を与えたり感情を喚起したりするような表現が時に求められるのでしょうか？ 煎じ詰めて言えば、私はこのことは、エスノグラフィーのもととなる人類学的なフィールドワークがきわめて特別な体験だから、ということに由来すると思います。2日目の講義で強調したように、フィールドワークとは本質的に、自分が揺らぐ体験、あるいは、現地の人々とともに揺らぎ、そのように揺らいだ状態で考えるという体験だと言えます。そのようなふつうでない体験、あるいは、自分自身にとっての「ふつう」からはみ出るような体験を記述し、読者に伝えようと思ったら、当然、自分にとっての「ふつう」の文体や手持ちの表現形態からはみ出る必要があるでしょう。エスノグラフィーとはそのように、「自分自身が揺らいでいる状態で考える」という特殊な体験を、もっとも直接的に表現する媒体でなければいけません。ではどのように書けば、あるいは、写真や映像をどのように取り入れれば、そうした揺らぎを表現し、読者に伝えることができるのでしょうか？

これは本当に難しい作業で、当然、自分のフィールドワーク体験を他者に伝えることに失敗する可能性もあるでしょう。というのは多くの場合、書くということは対象を安定し固定化した枠組みの中に回収することだからです。たとえばマライタ島で2年間フィールドワークをしたとして、エスノグラフィーの中でこの島の人々を、「伝統的コミュニティの中で暮らしてきたが、そうしたコミュニティは近代化とグローバル化の過程で崩壊しつつある」といったステレオタイプに当てはめて描いてしまうかもしれません。そのように自分自身のフィールドワーク体験をとらえ逃してしまう危険性はつねにあるでしょう。フィールドワークをしたのだから必ずエスノグラフィーが書ける、というわけではないのです。

ほぼ同じことを言い換えれば、エスノグラフィーというのは、本質的に、手持ちの概念を当てはめるだけでは不十分な対象を記述するものであるがゆえに困難なのだ、ということができるでしょう。そのように異質な対象を伝統的には「異文化」と呼んできたわけですが、現在では、「異文化」という概念自体がむしろ異質性を切り捨ててしまう概念なのではないかと疑われるようになっていることは、昨日の講義でお話しした通りです。その意味で人類学者は、手持ちの言葉や概念が通用するゾーンの外に出て、まさしく「冒険する」人たちだと言うことができるでしょう。たとえば、「コミュニティ」や「格差」、あるいは「近代化」といった概念を問題なく当てはめられるのであれば、「どのような言葉を用いて書くか」はほとんど問題にならないでしょう。しかし、人類学者のフィールドワークにおいては、そうした概念を使う可能性自体が揺らぐ場面に繰り返し遭遇することになります。何しろ人類学者は、それらの概念が発明された西洋近代型の社会とはまったく異なる世界に出かけるわけですから。「本当にこのように書いてしまってよいのだろうか?」というわけです。そのように、エスノグラフィーというのは困難で、そうであるがゆえに冒険的で魅力的な作業だと私は考えています。

なお、人類学の専門家たちはもしかしたら、エスノグラフィーの表現、とくに文章表現にこだわる議論はもう古いと言うかもしれません。これについてはまた後でお話しします。しかし、半ばアマチュアとして、人類学とエスノグラフィーに対して文学的な関心をもち続けてきた私としては、「いかに書くか」という問題を終わったものとして片付けることはとうていできません。それに加えて、一見古典的な調査地でフィールドワークをしていることから、私が調査地の人たちを、昨日お話ししたような大理石的な「伝統文化」イメージに閉じ込めてしまう危険性は高いと思います。そのため私は、人類学とエスノグラフィーの実践をめぐる議論を避けて通ることはできません。わかっていただけるでしょうか?

——あのー、ちょっと思ったんですけど、自分のフィールドワーク体験を記録して表現するとき、やり方は文章以外にもあると思います。ドキュメンタリー映像のようなものを作るとか。そう考えると、なぜ先生が文章表現にそこまでこだわるのかがよくわからないんですけど。なぜ文章である必要があるのですか？

いい質問ですね、ありがとうございます。おっしゃる通り、最近では、録画や映像編集のツールが低価格化し高性能化していることを背景に、人類学でも映像を積極的に活用しようとする動きが盛んになっています。そうした動きを「映像人類学」と言います。そこでは、映像を利用することで、自分のフィールドワーク体験を、これまでよりも直感的に、あるいは感性的なレベルで表現し伝えることが目指されていると言えます。私自身は、人類学でそのように映像を活用することにはあくまで賛成の立場です。現時点で私が文章を自分の主な媒体にしていることは、一つには単にスキルの問題です。映像を文章と同じくらい容易に使いこなせるようになったら、私も映像人類学を実践する可能性は大いにあります。ただ一方で、「文章表現には限界があるから映像を活用する必要がある」という考え方には必ずしも同意できません。極端な言い方をするなら、現時点で私は、文章でできることはほとんど無際限にある、と考えています。具体的にはたとえば、視覚的描写を駆使することで、それこそ映像のようなエスノグラフィーを書くこともできるでしょう。また、フィールドワーク中に何か印象的な出来事が起こり、その意味が非常に複雑で特定しがたいという場合に、出来事のそうした多義性や不安定性をそのまま文章で表現することもできると思います。先ほど触れた『不穏な熱帯』でやろうとしたのはまさしくそのことです。同じように、昨日挙げた箭内のマプーチェについてのエスノグラフィーのように、現地の人々が激しく揺れ動いている姿を文章でとらえることもできるでしょう。トリッキーな言い方をするなら、「書きとめる」のではなく「書き動かす」のだ、とでも言えるでしょうか。

ですので、映像などの媒体を使って従来のエスノグラフィーを乗り越えていく試みを横目に見つつ、私自身は文章表現のポテンシャルをせっせと追究しているという感じです。本音を言えば、私は人類学ではなくエスノグラフィーが専門なのだ、と言いたいくらいです。だいたい答えになっているでしょうか?

エスノグラフィーの客観性とは?

——先生!　私も人類学に興味が出てきたので、マリノフスキの『西太平洋の遠洋航海者』を読んでいます。これも、読者がクラの航海を追体験できるような物語的な文章になっていると思います。とくにはじめの部分は、はじめてニューギニアでフィールドワークをしようとしていたときの不安な気持ちとかが書いてあって、これも人類学の研究書と言うより紀行文のような感じです。

そうですよね。マリノフスキの文章の物語性についてはこれまでにもいろいろな人が論じてきました。そうした文章に接してどう思いましたか？

——えーと、私はこれまで心理学系の授業や演習を多く受けていて、実験結果をバイアスのないかたちで文章化するようにいつも指導されています。それと比べると、正直、人類学者はなんでこんな個人的で主観的な文章を書くんだろう、と思います。フィールドワーク中に見たことを客観的に書けばいいいんじゃないいんですか？

なるほど、いい問題提起ですね。これについてちょっと考えてみましょう。

そもそも、人類学で純粋に「客観的」な、あるいは、少なくともそう見える文章を書くことはできるんでしょうか？　というのは、2日目にも言いましたが、人類学の研究成果というのは、あくまで個人のフィールドワーク体験の産物ですよね。フィールドワーク中に見聞きしたことというのも、「たしかに客観的にそこにある」というより、あくまで「私はそれを見聞きした」という個人的な体験の対象です。ギアーツという人類学者が言ったことですが、エスノグラフィーは、「私はたしかにそこにいた」（ビーイング・ゼア）という要素があってはじめて説得力をもつことができます。[3]　となると、人類学の研究成果から主観性や個人的な体験を排除することはできないのではないでしょうか。人類学のエスノグラフィーというのは一面で、「現地の社会・文化について報告しようとするのだが、そうした報告は個人的・主観的な経験を通してのみなされうる」という文章だと言えるでしょう。たしかに、心理学や自然科学分野の勉強をしているみなさんは違和感をもつかもしれません。

しかし、話はここでは終わりません。もし、人類学者のエスノグラフィーが、単なる個人的で主観的な体験の物語だったらどうでしょうか。そんなもの誰も学問的に信頼しませんよね。そこで報告される「現地の社会・文化」は、一面ではたしかに「客観的にそこにあるもの」である必要がある。つまり、エスノグラフィーは、主観的であると同時に客観的でなければならないという矛盾した要請に従わないといけないわけです。

なお、今日議論しているような、人類学における表現の問題については、1980年代を中心に議論が盛り上がりました。そうした議論自体は、現在では退潮してしまっているのですが。そうした議論の盛り上がりを象徴するのが、1986年に出版された『文化を書く』という論文集です。[4] 聞いたことがある人はいるでしょうか？ この本も含め、1980〜90年代のエスノグラフィー論についてはおいおい紹介するとして、ここでは、この『文化を書く』に掲載されている、メアリー・ルイーズ・プラットという植民地文学の研究者の議論を見ておきましょう。[5]

今言ったように、20世紀のエスノグラフィーは、「文章をどのように書くか」をめぐって2つの要請の間で板挟みになっていたと言えます。すなわち一方の、学問的な文章としての客観性という要請と、他方の、「たしかに私はフィールドワークをした」ことを語ることによって説得力をもたせるための主観的で個人的な側面への要請という2つです。プラットによれば、この矛盾する要請に対して、20世紀の多くの人類学者たちは、ある明確な書き方によって対処してきました。具体的には、エスノグラフィーの導入部でフィールドワーク体験、とくにその最初期の体験を物語的に語り、その後、エスノグラフィーの本体では客観主義的な文体に移行する、という使い分けがそれです。そのような文体上の使い分けは、マリノフスキ以来の民族誌において典型的に見られるものであり、20世紀の人類学において、それは半ば無意識的な土台をなしてきたとプラットは分析しています。

一例として、マリノフスキの代表的な教え子であるエドワード・エヴァンズ＝プリチャードの『ヌアー族』（1940年）というエスノグラフィーを見てみましょう。[6] 人類学におけるアフリカ研究の初期の代表的な成果です。たとえば、この本の冒頭近くには次のような一節があります。

私は一九三〇年の初頭にヌアーランドに着いた。嵐のため、マルセイユで荷物が私の手許に届かず、しかも私の落度ではない手違いで、食糧はマラカルから送られてこず、おまけにアザンデ人の私の召使いたちは私に合流するようにという指示を受け取っていなかった。……翌朝、私は近くのパクールという村に向けて出発した。ところが私の荷運び人夫たちは、少数の人家が近くにある、木のまったく生えていない平原の真只中に私のテントと食糧を放り出し、半マイル程先にある木陰まで運んで行くことを頑として拒んだ。[7]

いかがでしょうか。まさしく「フィールドワークの苦労を物語る」といった調子で、自分の体験を書き起こしていますね。ここで過去形が使われていることにも注意してください。他方で、エスノグラフィーの本体部分には次のような文章があります。「ヌアー（ヌエル）は時間の観念をもたない」という有名な議論が提示される箇所です。

彼らは、われわれの言語でいう「時間《タイム》」に相当する表現法をもっていない。そのため、彼らは時間について、われわれがするように、それがあたかも実在するもののごとく、経過したり、浪費したり、節約したりできるものとしては話さない。彼らは、時間と闘ったり、抽象的な時間の経過にあわせて自分の行動を調整せねばならない、というような、われわれが味わうのと同じ感情を味わうことは絶対にないであろう。[8]

いかがでしょうか。ここでは、ちょうど昨日のカリフォルニアのモンのように、「時間の観念をもたないヌアー」という確固たる「異文化」のイメージが提示されています。ここで現在形が使われていることについては後で論じます。

さて、エスノグラフィーを読むとき、私たちはふつう、世界のある地域に「異文化」がもともとあって、人類学者がそれについて報告している、というように受け取ります。しかし、プラットなど『文化を書く』の論者たちが示してみせたのは、人類学の研究対象としての「異文化」というものがあらかじめ客観的にあるわけではなく、それは文章や写真などのメディアを通してつくり上げられるイメージであるということでした（３日目を参照）。そうした議論を通して、この時期以降、人類学者が「文化」をいかに描き出すか、そこにどのようなバイアスや権力性が含まれているか、ということが議論されるようになりました。それによって、それまでの人類学とエスノグラフィーの営みそれ自体が反省的に見直されるようになったわけです。古典的な人類学に対する「現代の」人類学は、一つにはそこから始まったと言えるでしょう。

グリオールの場合

ところで、大学で人類学とエスノグラフィーについて講義すると、先ほどある人が言ってくれたように、「人類学者はなぜこのような主観的な書き方をするのですか？　これって学問なのですか？」という質問をよく受けます。この点についてもう少し考えてみましょう。今紹介したプラットが指摘していたように、主観性と客観性が表裏一体になったエスノグラフィーという文章の特殊性を感じ取ってもらうために、そのことが極端なかたちで読み取れる例を挙げたいと思います。

紹介したいのは、フランスの人類学者マルセル・グリオールが1948年に出版した『水の神――オゴテメリとの対話』（原題）という本です。[9] グリオールはソルボンヌ大学の初代民族学教授だそうで、フランス人類学が制度的に確立される時期の立役者、平たく言えば「ボス」であると言えます。グリオールについて紹介する上では、何よりまず、彼が、1931〜33年にかけて行われたダカール＝ジブチ・アフリカ横断調査団の団長であったことを説明する必要があります。この調査団は、アフリカ大陸を西から東にかけて横断し、人類学的調査と物品収集を行う大規模な国家プロジェクトでした。当時のフランスの人類学は、フィールドワークの蓄積などの点でイギリスに後れを取っていましたが、言うなればそれを一発逆転するようなプロジェクトとしてこの調査は計画されました。なお、マリノフスキが、現地人のただ中でたった一人で調査をすることを強調していたこと（2日目を参照）と比べると、グリオールらが行った大がかりな集団調査はだいぶ性質が違うものだったと言えます。

なお、グリオールはアフリカ横断調査に先立って現在のエチオピアなどでの滞在経験をもっていました。また彼は、当時のフランスの前衛的な文学・芸術雑誌の編集にも関わるなど、人類学者であると同時に文学的な関心や感性をもっていた人でした。このことは、彼のエスノグラフィーを読む上でも重要な背景になります。

さて、約2年間にわたるアフリカ横断調査にはいくつかのハイライトがありますが、その一つは、西アフリカ、現在のマリ共和国に住むドゴンの人たちとの出会いです。1931年10月にこの地域に到着して早々、グリオールたちは、壮大な仮面行列を含む葬儀に遭遇しました。さらにこの仮面行列には、これまでイスラム教を受け入れず、伝統的な宗教を比較的維持してきたと見られるドゴンの複雑な神話あるいは宇宙論が関わっていると推測されました。これ以後、ドゴンはフランス人類学の主要な研究対象となり、グリオール以下、多数の人類学者がこの人々の下でフィールドワークを行うことになったのです。

さて、グリオールの著書『水の神』は、第二次世界大戦によって中断していたドゴンの下でのフィールドワークが再開された1946年10月のある日の出来事から始まります。この日、グリオールは、ドゴンの盲目の老人オゴテメリから呼び出され、彼自身予期していなかったことに、それ以後33日間にわたり、この世界の起源についての壮大な神話的知識を授けられることになります。それはあたかも、豊富な神話的知識をもつこの老人から連日個別レッスンを受けているかのような様子です。いずれにしても、このレッスンによって、1931年以来グリオールらが調査してきたドゴンの宇宙論あるいは神話的世界がはじめてその全貌を現したわけです。[10]『水の神』は、この33日間のオゴテメリとの対話を一日ごとに記すという特徴的な形式のエスノグラフィーになっています。

ドゴンの宇宙論は、説明しているとそれこそ長大になってしまうので省略します。世界を攪乱する双子の兄を追いかけて、水の精霊である弟が世界に秩序を回復していき、そこに人間が棲みつく、といったストーリーです。グリオールらの研究によって、ドゴンは、「アフリカ的宇宙論」とでもいうべきもの、つまりは、西洋人がもっている神話や哲学とは異質だけれどもそれに匹敵するくらい複雑で体系的な世界観をもっている人々として知られるようになったと言えます。

さて、そこで問題は、グリオールがどのような文章によって、そのような宇宙論が自分に開示された体験を綴っているかということです。たとえば次の一節を見てください。

「もしノンモの恵みがなかったなら、大地が作られることもなかっただろう。というのも大地はこねあげられたわけだし、それが生命を授かったのは水のおかげ（ノンモのおかげ）だからだ」

「大地の中にはどんな生命があるのですか」白人〔＝グリオール〕は尋ねた。

「大地の生命力は水だ。神は水でもって大地をこねあげた。同じように、かれは水でもって血を作る。この水というのは石の中にもひそんでいる。というのも、あらゆるものに湿り気があるからだ」

しかし、ノンモが水であるとすれば、銅もまたかれが生み出したものである。空が曇っていると、もやがかった地平線の上に太陽の光線がはっきり見えることがある。この光線は精霊の排泄物であり、銅であり光である。それは水でもある。というのもこの光線を伝って地上の湿り気は上昇するからである。一対のノンモは光を排泄するが、それは自分が光でもあるからだ。[11]

オゴテメリとの対話がこうして延々と綴られるわけですが、いかがでしょうか。よくよく読むと、カギ括弧内の語りと地の文の区別があいまいな奇妙な文章ですね。では、先ほど出た論点である、エスノグラフィーにおける主観性と客観性が、グリオールの『水の神』においてどのような関係にあるかを考えてみましょう。一方で、グリオールは自分が発見したドゴンの神話的世界、一言で言えば「ドゴン文化」を報告することに関心があります。彼の考えでは、ドゴンに独自の神話的世界があることは「客観的事実」でしょう。他方で無視できないのは、そうした神話的世界について報告するために、彼のエスノグラフィーが、今引用した対話形式をはじめとするあれこれの文章上の技巧を凝らしている点です。

そもそも、なぜ彼はこの本を対話形式で書いたのでしょうか？　ある人は『水の神』について、グリオールはまるで、自分がオゴテメリに弟子入りして、ドゴンの秘密の神話的知識を授けられる資格を得たかのように書いている、と指摘しています。[12] 私はこれまで長期にわたってドゴンの下でフィールドワークをしてきた、だから、私には秘密の知識を授けられる資格がある、だからこそオゴテメリは私を選んだのだ、というわけです。ここまでくると、グリオールが「客観的」に存在すると言う神話的知識について書くために、「私は現地の長老によって選ばれた」という個人的な物語が不可欠なものになっていることがわかります。そうした個人的な物語によって、「私が伝える神話的知識は正しい」という説得力をつくり出そうとしているわけです。

どうでしょうか、みなさん。グリオールのエスノグラフィーについて聞いた感想はありますか？

――うーん、人類学者の文章に主観的な部分が必要だということはわかりましたが、「ある日老人から呼び出されて秘密の知識を授けられる」というグリオールの弟子入りの話は、ちょっと自己演出しすぎではないかと思います。

なるほど。たしかに、グリオールの文章はみなさんがふだん大学で接している学問的文章とはかなり異質でしょう。そちらの方はどうですか？

——僕も、グリオールはドラマチックすぎるかなと思いました。でも、先生がおっしゃっていた、「異文化」というのはそういった文章などを通してつくられるイメージなんだということには納得しました。

そうですね。グリオールはたしかに、人類学が文学的で物語的な方向に大きく振れた例だと言えるでしょう。そうしたスタイルに対する好みは分かれるでしょうね。しかし大切なのは、そのような個人的あるいは物語的な側面を、自分のエスノグラフィーにおいてどのようにコントロールするかということでしょう。どのような書き方が正解かわからないという意味で、ここにもまさしく、エスノグラフィーを書く上での表現上の「冒険」があると言えます。今日の講義のはじめに紹介した私の『不穏な熱帯』も、そうした冒険の一例のつもりです。

問い直されるエスノグラフィー

さて、先ほども言ったように、人類学における、文章をはじめとする表現の問題については、1980年代を中心に議論が盛り上がりました。1986年の『文化を書く』という論文集が、そうした動きを代表していることについても、すでにお話しした通りです。では、先ほど見たプラットの議論のほかに、この時期にはどのような議論がなされたのでしょうか？　この時期に見直されるようになったのは、人類学におけるどのような表現法だったのでしょうか？

まず取り上げたいのは、昨日の講義でも大理石的な「文化」観として問題にしたことですが、伝統的な人類学とエスノグラフィーが、「〇〇文化」という固定されたイメージを作り上げてしまっていたのではないか、という問題です。大雑把に言えば、そうしたエスノグラフィーにおいて、研究対象である「〇〇文化」は、暗黙のうちに、「外部からの影響を受けずに数百年も続いてきた伝統文化」というステレオタイプに沿って表現されていたと言えるでしょう。この点については明日の講義でも詳しく論じます。ここにさらに、「その社会の成員のすべてに等しく共有された文化」といったステレオタイプを付け加えることもできます。それはちょうど、同じプログラムが埋め込まれたたくさんのロボットが、同じように動作しているようなイメージです。実際、授業でマライタ島の例などを紹介すると、学生が、「こうした伝統的社会には、自分たちが生きている現代的な社会ほどの多様性はないと思う」といった感想を言うことがよくあります。しかし、日本社会よりマライタ島の社会の方が単純だという根拠はあるでしょうか？　そもそも、マライタ島の社会も現代の社会なのですよ！

人類学者がしばしば、研究対象の文化を「何百年も変わらない、社会全体に均質に共有された伝統文化」として描いてしまっていたという問題は、フィールドワークとエスノグラフィーの執筆というプロセスにも関わっています。すなわち、２日目の講義でもお話ししたように、フィールドワークはあくまで個人的で、さまざまな偶然性にあふれた体験です。それはまた、現地の人たちと人類学者のたえまない相互行為として行われます。しかし、最終的に書き上げられるエスノグラフィーにおいては、人類学者はともすれば、そうした主観性や偶然性を切り捨てて、先の「時間の観念をもたないヌアー」のように、固定的な「異文化」が「客観的」に存在するかのように書いてしまいます。このことを、同じく１９８０年代における人類学の見直しの代表的な議論である、ヨハンネス・ファビアンという人の議論に見てみましょう。

１９８３年に出版された『時間と他者――人類学はいかにしてその客体をつくるか』[13]という本の中で、ファビアンは、それまでのエスノグラフィーにおける時制と人称代名詞の使い方を問題にしています。彼は、これまでの人類学が「異-時間論」(アロクロニズム)に陥っていたとして批判するのですが、これはどういう意味でしょうか？　ファビアンの議論によれば、人類学的なフィールドワークとは、人類学者と調査地の人々が「私」と「あなた」の関係に立ち、同じ時間を生きて双方向的なコミュニケーションを行うような状況です。これに対し、人類学者が帰国してエスノグラフィーを執筆する段になると、エスノグラフィーの文章において、調査地の人々は「あなた」という二人称から「彼ら」という匿名的な三人称に転換されてしまいます。具体的な例を挙げると、たとえばフィールドワーク中に、私が日記に以下のような文章を書いたとします。

2011年9月3日の朝、隣の家のジャケが夜の間に捕ってきた魚をくれたので、「いつもありがとう」と言った。

使われているのは三人称ですが、ここには、フィールドワーク中の現地の人たちとの「私」と「あなた」の関係が記録されていますね。しかし、これがエスノグラフィーの中で次のように書き換えられてしまったとしたらどうでしょう。

アシの人々は活発な漁撈活動に従事しており、夜間に出漁する漁師たちも見られる。

この2つの文では、人称代名詞はいずれも三人称ですが、時制が過去形から現在形に転換しています。ファビアンが問題にしているのはこうした時制の転換で、このことを彼は、人類学に特徴的な「民族誌的現在」（エスノグラフィック・プレゼント）という時制の問題として指摘しています。彼が指摘するように、マリノフスキ以来の人類学者たちは、ほとんどの場合民族誌を現在形で書いてきました。正確に言えば、先ほど見たプラットが指摘したように、民族誌の導入部だけを物語的な過去形で書き、それに続く本編は現在形で書く、という使い分けが標準的でした。今の1つ目の例のように、フィールドワーク中の体験を過去形で書くならば、それがあくまで1回限りの個人的な体験であったことが記録されます。それに対し、2つ目の例のような「民族誌的現在」で書くならば、アシの人々が今も昔も変わらない漁撈民であるかのような、さらに言えば、「彼ら」が100年以上にわたって変わらない「伝統文化」や「未開社会」の中に閉じ込められているかのような印象が生み出される、とファビアンは指摘します。そのように、調査地の人々は、「われわれ」すなわち人類学者とその読者から切り離されて別の時間の中に追いやられ、フィールドワークにおいて同じ時間が共有されたということは忘却されてしまうわけです。

ファビアンは、時制と人称代名詞のこのような使い分けによって、フィールドワークにおける「私」と「あなた」の相互行為から独立して「異文化」があるかのような印象が生み出されてきたことを指摘します。さらに彼は、「他者」や「異文化」をそのように固定的に描き出す、あるいは文章の中に閉じ込めること自体が暴力的なのではないか、と指摘しています。そのように論じることによって、ファビアンは、現代の人類学においてこれまでとは異なる書き方が求められていることを訴えたのです。

ファビアンの議論にも読み取れるように、1980年代を中心とするこうした議論は、これまでのフィールドワークとエスノグラフィーに潜む権力性を指摘するものでもありました。そもそも、かつてのフィールドワークは植民地と呼ばれる地域で行われることが多く、人類学という営みそれ自体が植民地支配という支配関係に立脚していました（5日目を参照）。さらには、アシの島々が植民地時代に急増しているという事実（3日目を参照）に見られるように、人類学の研究対象である「〇〇文化」それ自体が植民地支配の産物であったこともあったでしょう。しかし、結果として生み出されるエスノグラフィーにはそうした権力関係や歴史的経緯が明記されないことも多く、それとは独立して確固として存在するかのような「異文化」が描かれることが通常でした。だとすれば、これまでの人類学が、自身の前提である植民地支配について隠蔽してきたと言われても仕方ないですね。

よりミクロな視点から見れば、ファビアンも指摘する通り、人類学者のフィールドワークというのは現地の人々との日常的な相互行為として成り立っています。人類学者が得るあらゆる知見はそうした相互行為の産物で、そうである以上、人類学的知識の形成には現地の人たちも積極的に関わっています。私がフォウバイタ村でどのような人たちと深く関わるかによって、私がこの地域についてどのような認識を得るかは変わるでしょう。にもかかわらず、古典的なエスノグラフィーにおいては、「客体」として存在する「異文化」を人類学者が一人で調査してきたような書き方がなされ、この知識の形成に現地の人たちがどのように主体的に関わったかということは書かれないことが多かったのです。具体的には、現地で特定の調査助手に頼っていたにもかかわらず、そのことをエスノグラフィーに明記しない、といったことがそれに当たります。先ほどのグリオールの例でも、ドゴンの神話的世界を伝えてくれるオゴテメリの役割は不可欠なものですが、いったんそうした知識が伝えられてしまえば、彼の役割や個性といったものはエスノグラフィーから消失していたと言えるでしょう。そうだとすると、人類学者が「異文化」を一方的かつ客観的に描くこと自体、いろいろなことを捨象していて暴力的だと言われかねません。

このような反省を踏まえ、主として1980年代頃から、これまでとは違ったエスノグラフィーの書き方を試みようとする動きが盛んになります。そうした試みを総称して「実験的民族誌」と呼びます。そうした動きの中で、「○○文化」について「客観的」に報告しようとするのではなく、そうした「○○文化」のイメージが、現地の人々との対話や相互行為の産物であることを明示するようなスタイルが盛んになります。ある意味では、この時期以降、エスノグラフィーの中に、何らかのかたちで「私」が書き込まれていることは必須になっていると言えるでしょう。もっとも、「私」の体験について書きさえすればよいのではなくて、具体的にどのようなかたちでそれを書き込むかが問題なのですが。さらには、そうした「異文化」のイメージが、あくまでフィールドワークとエスノグラフィーの作業を通してつくられたものであり、人為的で暫定的なものであることを明示することも重要になってきます。確固たる「異文化」イメージを提示するのではなく、あくまでそれがつくり上げられたものであることを示すために、わざとぶつ切れの文章で書くことでそうした作為性を読者に意識させるといった手法も登場します。今日の講義のはじめに話題になっていた、私自身の『不穏な熱帯』という本も、一面ではそうしたスタイルの試みであると言うことができます。

ただし、エスノグラフィーを刷新しようとする1980年代以降の議論については、現在では賛否両論があり、また、実験的民族誌のブーム自体はとうに終息してしまっています。この時期の議論が、「現地の人々との関係をめぐって、私は苦悩した」というような私的で内省的な語りをすればよい、あるいは最悪の場合、凝った文章を書きさえすればよいかのような風潮に向かったことは、現在では否定的に評価されています。また、人類学の営みの背後にある、植民地支配その他の権力関係を暴露あるいは糾弾することこそが重要なのだ、といった一時期の傾向も疑問視されています。というのも、たしかに人類学には権力関係がともなっていますが、それが人類学のすべてではないからで、権力関係にあまりにこだわると、2日目の講義でお話ししたようなフィールドワーク体験のその他の部分をとらえ逃してしまうでしょうから。

そして、私はいかに書くか

さて、今までのところで何か感想はあるでしょうか。はいどうぞ。

――なんか、ようやくわかってきました。『不穏な熱帯』を読むと、フィールドワーク中の日記が引用されてたり、日記から突然理論的な議論に飛んだり、本文と何の関係があるのかわからない写真が載ってたり、「なんでこんなかたちになっているんだろう？」と思いました。でも、今話してくださったような背景があるとすると、多少わかる気がします。

ありがとうございます。講義を飲み込めてきたようでよかったです。そうですね。私はこれまで書いてきたエスノグラフィーで、古典的なエスノグラフィーと、今見てきた『文化を書く』の議論、さらには、6日目や7日目の講義で扱うようなもっと最近の議論の長所と短所を見極めて、「今、どのようなエスノグラフィーを書くべきか」について考え、実践してきたつもりです。まさしく、フィールドワーク体験とそこから得られた知見をいかに表現するかについての、正解のない「冒険」と言ってよいでしょう。これまでの講義で見てきたように、マライタ島では、一見したところ「伝統的な生活様式」や「固有の文化」が維持されているように見えますが、そのような地域についてエスノグラフィーを書くことには固有の難しさがあると言えるでしょう。すなわちまさしく、文章によってマライタ島の人々を、「何百年も変わらない伝統的社会」という固定的なイメージに閉じ込めてしまうという危険性がそれです。たとえばアシの島々についても、はじめて見て、それが過去100年間くらいの間に新たに形成されてきた（3日目を参照）と推測する人はまずいないでしょう。私たちには、「異文化」と見えるものを見ると、「この文化は、外部の世界から孤立して、これまでずっと変わらずにきたのだ」とついつい思ってしまうようなバイアスがあるのです（5日目を参照）。

それでは、そのようなバイアスから脱却するために、エスノグラフィーを書く際にどのようなやり方をすればよいのでしょうか？　ここでは、先ほどから話題になっている『不穏な熱帯』を念頭に置きつつ議論したいと思います。このエスノグラフィーを読んでみた人の中で、私がこれまで実践してきた表現上の工夫について何か気付いた人はいますか？

——えーと、やっぱりフィールドワーク中の日記が引用されているのが特徴だと思います。

そうですね。じゃあ、日記を引用することによってどのような効果が生まれていると思いますか？

――やっぱり臨場感があると思います。先生のフォウバイタ村での日常生活がわかりますし、読者も先生のフィールドワークを追体験しているような気持ちになります。

そうですね。たしかにそのような感想を多くもらっています。ただ、記述に説得力を出すために自分の体験を詳しく描写するというのは、先ほども話した通り、人類学が１００年前からやってきたことです。『不穏な熱帯』のねらいというのはそれだけではなくて、おそらくより重要なのは、日記を引用することで記述に「出来事性」をもたせるということだと思います。「出来事性」というのは抽象的な言い方でちょっと難しいでしょうか。ネタバレになるので詳しくは言いませんが、『不穏な熱帯』の後半に行くと、いくつかの大きな出来事が起こって村の中が混乱し始め、私がその混乱に巻き込まれていく過程が日記を通して詳細に描かれます。そこで日記が時系列的に引用されていることにより、読者は、後から見て「けっきょくこうなった」とまとめてしまうのではなく、日々「いったいどうなるんだろう？」と思いながら事態を見守っている状態を追体験することになります。私が言いたいのは、長期のフィールドワークを通して現地の生活に没入する人類学的な研究の本質は、今言った「いったいどうなるんだろう?」という視点にあるということです。フィールドワークの過程で、思いもかけない出来事にたびたび遭遇し、動揺しながらその都度そうした出来事について考えることを通して、自分の人類学的な理解や思考が形作られていく。そのことを人類学的思考の「出来事性」と呼びたいと思います。エスノグラフィーで日記を引用することには、臨場感を出すとか「私」の主観性を表現するといったことのほかに、人類学的思考のそうした出来事性を表現するという意味があると思います。

ところで、今の点とも関連しますが、『不穏な熱帯』というタイトルにはどのような意味が込められていると思いますか?『不穏な熱帯』を読んでいると言ってくれたあなたはどうですか?

——そうですね、今もおっしゃった通り、村の中で次々に人が亡くなったり、「いったいこれからどうなるんだろう?何が起こるんだろう?」という不穏な雰囲気が文章にあふれていると思います。

なるほど。そちらのあなたはどうですか？

――2日目の講義でもおっしゃいましたけど、今のアシの人たちは「もう海には住めない」と言っていて、この人たちの暮らし自体が落ち着かない状態にあるということでした。それも「不穏さ」と言えるのではないでしょうか。

なるほど、これも当たっていると思いますよ。ただ、タイトルの『不穏』にはもっと他の意味も込められています。先ほどの人が言ったように、この本には「これからどうなるんだろう？」という雰囲気があふれていますよね。この授業でもたびたび、人類学のフィールドワークというのは自分自身を不安定な状態にさらすことだと言ってきました（2日目を参照）。現地の人たちだけでなくフィールドワーカーもそのように不安定な状態に置かれていることを、「不穏さ」と表現しているわけです。

私が言いたいことは、今言ったようなフィールドワーク体験における不安定さが、同時に、学問的・理論的なレベルにおける不安定さでもあるということです。私自身、ほとんど人類学を学ばない状態でマライタ島に行ったことは、初日の講義でお話しした通りです。また、2日目に言ったように、人類学のフィールドワークというのは、先が見えない状態に身を置いたり、思いもかけない出来事に遭遇したりして、「では、この体験をどのように解釈し分析したらいいだろうか？」とその都度考えなければいけないような体験です。その中で、「コミュニティ」とか「近代化」といった社会科学的な概念が、この調査地についてはうまく使えないのではないか、という疑いが生じることもあるでしょう。その意味で、フィールドワークというのは、単に旅行として冒険的な体験であるだけでなく、その体験を理解するために、手持ちの概念や理論的枠組みの外に出なければいけないという点でも、不安定で「不穏な」体験であると言えます。『不穏な熱帯』というタイトルには、そのように、マライタ島への旅が同時に知的な冒険でもあるという意味が込められています。

なお、私はよく、卒業研究を書いている学生を指導するときに、人類学では「不安定な記述」を心がけるように、と指導します。「不安定な記述」といきなり言われても、何のことだかわからないでしょうが、以上の話を踏まえればわかってくるのではないでしょうか。卒業研究などでよく、「××の事例を○○理論を使って分析する」といった研究計画を立てる学生がいますが、これは「安定した」記述・分析だと言えるでしょう。というのも、事例を「○○理論」を使って分析するということが決まってしまっており、そうした分析枠組みが揺らぐことがないからです。しかし、理論的に凝り固まってしまっているそうした研究は、発見に乏しく、多くの人にとってつまらないものではないでしょうか？　私が指導しているのは逆に、研究の過程で自分の理論的・概念的枠組みがたびたび揺らぎ、その揺らぎの過程をちゃんと文章に記録しているような論文です。フィールドワーク体験を通して思考するという人類学の本質は、そうした「不安定な記述」によってこそ表現されると私は考えています。

反植民地主義運動の歴史を書く

では、今日の最後に、今お話ししたことを実際のエスノグラフィーに即して見てみましょう。少し長いですが、お手元のレジュメに載っている2つの文章を比較してみてください。背景を説明しておくと、マライタ島は、太平洋戦争の直後に、マーシナ・ルールと呼ばれる全島規模の反植民地主義運動が起こったことで知られています。2つの文章は、いずれもこの運動について説明するものです。まず1つ目の文章ですが、これは私の1冊目のエスノグラフィーからの引用です。

太平洋戦争中の1942年、ソロモン諸島に侵攻した日本軍とアメリカ軍の間で激しい戦闘が展開されると、多くの植民地行政官や宣教師はオーストラリアその他に退去し、ソロモン諸島では一時的に植民地統治の空白状態が生じた。その影響は、直接の戦闘がほとんど行われなかったマライタ島にも及び、1943年以降同島では、アメリカ軍が組織したソロモン諸島労働部隊への参加者を中心に、イギリスの植民地統治への反対を表明する集会が各地で開かれるようになる。1944年から翌年にかけ、それらの動きは互いに合流し、やがて、参加者たちによって「マーシナ・ルール」と称される反植民地主義的な社会運動として姿を現すことになる。

マーシナ・ルールは、1944年から50年頃までマライタ島の全域で展開され、最盛期には、当時の人口の95パーセントに当たる約4万人もの人々が参加したとされる。運動参加者たちは、植民地政府の行政組織にも似た階層的なリーダーシップの下で組織化され、当時行政府が置かれていたアウキで数千人規模の集会を繰り返しつつ、プランテーション労働や人頭税を拒否し、政府に対し法的・政治的な自治や社会経済的な待遇改善を要求した。これと並行して、それまで内陸部に居住していた多くの人々が、海岸部に移住して「タウン」と呼ばれる新集落を建設し、「ファーム」と呼ばれた集団農園を耕作するなど、それまでの小規模で分散的な居住・生業形態の変革が試みられた。また「タウン」では、これ以後のマライタ島で「カストム」と呼ばれることになる、親族集団の系譜や慣習的禁忌など伝統的知識の文書化が進められたことが知られている。

植民地政府は当初、マーシナ・ルールを、マライタ島民による自発的な社会開発の動きとして好意的に受け止めていたが、運動が政府への対立姿勢を強めると弾圧に転じ、参加者の一斉逮捕や「タウン」の破壊を繰り返した。この結果、1950年頃にはマライタ島全体での運動は事実上終息するが、その後も、マーシナ・ルールを多様なかたちで継承する活動が各地で展開されたことが知られている。[14]

ひとまずこれを読むとマーシナ・ルールの概要がわかりますね。さて、次に2つ目の文章です。[15]

マライタ島でフィールドワークを始めて間もない、2008年10月のある日のことだった。私は、ホームステイ先の主人であるジャウおじさんに誘われ、アシが住む島の一つであるフォウイアシ島で行われたある男性の追悼ミサに参列した。ミサの前、教会の司祭が到着するまでしばらく間があるようだったので、島の上を一人で歩き回っていたのだが、この時私は、フォウイアシ島の奇妙な一角に気が付いた。すなわち、この島の東端の部分は突堤のように海に向かって細長く突き出しており、これによって、海面がプールのような長方形に囲われているのである。島の広場の隅にたたずんでこの一角を眺めていると、傍にいたジャウおじさんが不意に、その突堤のような部分を指さして言った。「この島の人たちは、このあたりで最初に漁業組合（フィッシャリーズ）を始めたんだ。これがその漁業組合の埠頭だよ」。

ジャウおじさんのこの言葉は、「大切なことだからよく見て、覚えておけよ」と言わんばかりの大仰で誇らしげな調子を帯びていたが、私にはこれは唐突に感じられた。フォウイアシ島の人々が始めた漁業組合とは、いつ頃の、どのようなものであったのか、そしてなぜそれがことさら誇らしげに語られるべきことなのか、この時にはまったく見当がつかず、またその場でジャウおじさんに尋ねることもできなかった。

フォウイアシ島の漁業組合については、その後もいろいろな人から、その都度断片的な話を聞くことになった。すなわちそれは、かつて同島居住者らによって組織された漁業協同組合を指していること、その中心となったのは、フォウイアシ島の出身であるイロイという男性であること、組合の活動は主に1960年代に展開されたこと、また、当時は首都ホニアラからマライタ島まで船舶がやって来て、人々が捕った魚を運んでいったこと、そして、フォウイアシ島東端の突堤とそれによって囲まれたプールのような部分は、それらの船舶が停泊できるように、また捕った魚を生きたまま保存しておけるように、組合参加者たちによって建設されたものであること、といった話がそれである。特徴的なことに、これらの語りの多くは、右のフォウイアシ島でのジャウおじさんの言葉と同様、私からとくに質問したわけでもないのに、人々によって自発的な語りのかたちでなされた。しかしそれでもなお、フォウイアシ島の漁業組合の記憶がなぜ、人々にとって、ジャウおじさんの言葉の誇らしげな調子や、他の多くの問わず語りに表れていたような重要性をもっているのか、私には長らく理解しがたく思われた。

このような疑問は、この漁業組合のリーダーであったイロイが、それに先立ち、太平洋戦争直後の反植民地主義運動、マーシナ・ルールのリーダーの一人でもあったということに気付いた時、はじめて解消へと向かった。マーシナ・ルールは、太平洋戦争直後のマライタ島全域で展開された大規模な反植民地主義運動として、太平洋地域の研究者の間で広く知られている。これを受けて私も、フォウバイタ村でフィールドワークを始めた当初から、高齢者を主な対象に、この運動についての聞き取りを試みていた。しかし、マーシナ・ルールが展開された時代からはすでに60〜70年もの時間が経っており、この運動を自ら経験した高齢者は現在ではほとんどいない。インタビューを試みても、ほとんどの場合、断片的で不明瞭な返答しか得られなかった。このため、「現在のマライタ島ではマーシナ・ルールの記憶は失われている」というのが当初の私の印象だった。

しかし実際には、アシにおいてマーシナ・ルールは忘れられてなどいない――フォウイアシ島の漁業組合をめぐる語りに繰り返し接する中で、私が気付いたのはこのことであった。断片的な聞き取りを積み重ねる中で明らかになったのは、私の調査地において、19

40年代のマーシナ・ルールと1960年代の漁業協同組合は、同じリーダーに率いられ、また同じ世代の人々が中心的な担い手となるなど、あくまで一続きの運動として認識され記憶されているという事実である。また両者には、新たな社会経済組織（「タウン」や「ファーム」と漁業協同組合）を生み出すことを通して、自分たちの生活を総体的に新たなものにするという志向が明確に共有されている。私がやがて気付いたように、フォウイアシ島の漁業組合の記憶は、マーシナ・ルールとのそのような連続性のために、調査地の人々において重要なものであり続けているのである。

たとえば調査地の人々は、村外れの一帯を通り過ぎる時、その一帯が、マーシナ・ルールの拠点集落「タウン」が築かれた場所だということを、たびたび問わず語りに私に語った（この一帯は現在でも「タウン」という地名で呼ばれている）。また人々は、マーシナ・ルールの際、リーダーの一人であったイロイが私塾のような学校を開いていた場所をも私に再三指し示した。このように、注意深く見るならば、マーシナ・ルールと漁業組合という過去を人々に想起させる痕跡は、現在人々がその中に暮らす日常的景観の中に数多く点在しているのである。

このように、マライタ島のアシにおいてマーシナ・ルールは、既存の文献に基づいて私が予期していたのとは異なるかたちで想起され、語られている。さらに、フォウイアシ島に残る埠頭といった具体的なものや場所に結び付いたマーシナ・ルールとそれに続く運動の記憶は、それらに媒介された日常的な想起を通じて、アシの人々が生きる現在の中でたえずその意味を新たにしているのである。

長い引用でしたがいかがでしょうか？　この2つの文章を読んだ印象はどうですか？

——えーと、1つ目の文章は、マーシナ・ルールの単なる説明ですよね。それこそ「客観的」というか。これはこれでいいと思いますけど、2つ目の文章は……先生がフォウバイタ村のマーシナ・ルールについてだんだん知るようになったプロセスが書いてありますね。こっちは自分のフィールドワーク体験についてもちゃんと書いてあると言えると思います。

ありがとうございます。的を射たコメントだと思います。そちらのあなたはどうですか？

——今の人とほとんど同じ意見です。2つ目の文章を読んだ後に1つ目を読むと、マーシナ・ルールについて結果的にわかったことが書いてあるだけで、「それをどのように知るに至ったのか」が書いていないと感じます。2つ目の文章には、マーシナ・ルールについて調べようとしたのにはじめの頃は調べることができなかった、とはっきり書いてありますね。前の授業で先生がおっしゃったように、フィールドワークというのが自分を不安定にする営みだとすれば、2つ目の文章には「思うように調査ができなかった」という戸惑いがちゃんと表現されていると思います。

なるほど、ポイントを突いた感想をありがとうございます。

お二人のコメントにもあったように、2つ目の文章には、フィールドワークのプロセスの、先ほど言ったような「出来事性」や「不安定性」が書かれていると言えるでしょう。すなわち、「マーシナ・ルールとは何か」だけでなく、「現地の人々においてマーシナ・ルールはどのように記憶されているか」、「私自身がマーシナ・ルールをどのように知るに至ったか」についても書いてある、というわけです。さらに言うなら、2人目の方が言ってくれたように、この文章は私の体験を、「人類学的フィールドワークとはいかなるプロセスか」の事例として提示するものだとも言えるでしょう。この点で、2つ目の文章の方がはるかに情報量が多く、複雑でダイナミックな文章だと言えるでしょう。逆に、エスノグラフィーの全体を1つ目のような文章で書いてしまったらどうでしょうか？　おそらくとても退屈なものになってしまいますよね。いかがでしょうか？　同じ対象についても文章の書き方次第でまったく異なる意味を込めることができます。文章に限った話ではありませんが、人類学において表現が重要だということ、そしてそこに現代の人類学の自由さや冒険性があるということを感じ取っていただけたでしょうか？

エスノグラフィーと写真

さて、どうでしょう。何か質問はあるでしょうか？

——あのー、今のところ映像には手を出していないということでしたが、写真についてはどうですか？　写真の表現については何かこだわりはありますか？

いい質問をありがとうございます。1冊目の『「海に住まうこと」の民族誌』を出版するときから、私は写真の使い方にこだわってきました。現在に至るまで、日本で出版される人類学の本では、証明写真のような小さな写真が掲載されることがふつうでした。しかし私は写真のそうした使い方が不満で、『「海に住まうこと」の民族誌』ではそれよりずっと大きな写真を使い、『不穏な熱帯』では、全ページ大の写真を多数掲載しました。ではみなさん、私はなぜ写真の使い方にそのようにこだわってきたのだと思いますか？

——うーん、小さい写真だと、あまり載っている意味はない、という感じですよね……

そうですよね。私自身は、日本語のエスノグラフィーで、写真が「単なる挿絵」の位置しか占めていないことをつねづね不満に思ってきました。

これは難しい話ではありません。たとえば、文章の中で村の教会が話題になっているとして、そのページに証明写真サイズの村の教会の写真が載っているとする。この場合、本文中で「村の教会」が言及されていて、それを解説する挿絵があるだけなので、写真の情報量はゼロに等しいですよね。本文中で「マライタ島の結婚式」が詳細に説明されていて、「結婚式の様子」を写した写真が載っているような場合も同様です。それに対して、たとえば「アシの人々は、島を造るために積み上げられた岩は徐々に死んでいくと言う」と本文に書いてあり（7日目を参照）、そこに、人物もともなわず無数の岩を写した写真や、人が住まなくなって無人の岩の山になった島の写真が挿入されていたらどうでしょうか。この場合、写真は「単なる挿絵」ではなく、読者がとっさにその意味を飲み込むことができないような、言うなれば「厚みのある」イメージになっているとは言えないでしょうか。『不穏な熱帯』で私が試みたのはそのような写真の使い方です。ちなみに『不穏な熱帯』では、本の前半では、比較的人物が多く写っているのんびりとした写真で調査地を紹介し、後半に行くと、人物なしの岩の山の写真などが多くなって「不穏な」空気をかもしだすように写真を配置しています。完全にうまく行っているとは言えませんが……。本の後半については、たとえば岩の山という「モノ」に私自身がとらわれて思考することになるというフィールドワークの受動性（2日目・6日目を参照）を、読者に追体験してもらいたいと考えました。

というわけで、ここにも、現代のエスノグラフィーにおいて文章や写真の表現をいかに活用すべきか、という問題を見て取ることができると思います。とはいえ私としては、「エスノグラフィーとはやっかいで難しいのだ」ということではなく、「いろいろな実験の余地のある現代のエスノグラフィーは、それだけ冒険的で魅力的なのだ」ということをみなさんにお伝えしたいと思っているのですが。

5日目

人類学にとって歴史とは何か？

無人のアリテ島

博物館で

それでは、5日目の講義を始めましょう。[1] 今日のテーマは、「人類学にとって歴史とは何か？」です。

最初にウォーミングアップとしてちょっとしたクイズを出したいと思います。こちらの写真を見てください。初回の講義で「太陽の塔」との関連で言及した、大阪にある国立民族学博物館という人類学系の博物館の館内の写真です。いろいろ不思議な造形の顔が写っていますね。私は近い地域を研究しているので一目でわかりますが、これらはいずれもニューギニアの仮面です。ニューギニアではいろいろな儀式の際にこうした仮面が使われるのですが、それが博物館に収蔵されて展示されているわけです。

次にこちらの写真を見てください。これは○○市にある考古学博物館の館内の写真です。この写真では主に土器やその破片が展示されていますね。

さて、この2枚の写真を見た上でみなさんに考えていただきたいのですが、民族学博物館と考古学博物館の間には、収蔵品の点で大きな違いがあります。その違いとは何でしょうか？

――えーと、民族学博物館が展示しているのは人が作ったもので、考古学博物館は……いや違うな。どっちも人が作ったものですね。

そちらのあなたはどうですか？

――うーん、考古学博物館の展示品はすごく古いもので、民族学博物館の方は……そんなに古くないもの？　どうでしょうか？

おー、いいですね。私が言いたかったのはまさしくその点です。私は子どもの頃、国立民族学博物館に何度か行ったことがあるのですが、その頃、大きな誤解をしていました。すなわち、「この博物館に収蔵されている仮面などは、何百年も前に作られた古いものだ」という誤解です。つまり、展示されている仮面などの物品が、この写真からわかるように、私たちにとって見慣れない造形であるがために、その「見慣れなさ」という文化的な距離が、「ずっと昔に作られたものだ」という時間的な距離に翻訳されて、そのような誤解をしてしまっていたわけです。どうでしょう、みなさんも、うっかりすれば似たような誤解をしてしまうのではないでしょうか？　実際には、私が知る限り、国立民族学博物館の収蔵品には、大阪万博や博物館の開館が準備されていた１９６０～７０年代に世界各地から収集された物品が多く含まれています。

現地で新たに製作を依頼したものも多いので、「博物館イコール古いものの展示」では決してありません。その点で、考古学博物館と民族学博物館の展示品には大きな性質の違いがあると言えます。

ともあれ、民族学博物館の展示品についてのこうした誤解には、3日目の講義で「文化」概念についてお話ししたような「伝統主義的バイアス」とでも言うべきものが見て取れると思います。つまり、いわゆる「異文化」に接したとき、それが見慣れないものであるがゆえに、「これは何百年も前からずっとあるものだ」とか、「この人たちは祖先伝来のこうした文化を忠実に守り続けているのだ」とか決めつけてしまうような、まさしく「大理石」的なバイアスです。そのようなバイアスは半ば必然的なものですよね。3日目にお話しした通り、私たちは、ローカルな「文化」というものは外部からの影響によって失われる一方であり、逆にそうした影響の下で新たに生まれることは決してない、と無意識に考えているからです。たとえばマライタ島のアシが住む島々についてもそうした誤解が生じうることは、これまでの講義でお話ししてきた通りです。また、今日これからお話しするように、比較的最近までの人類学も、自らの研究対象が経てきた変化を無視してしまうような、やはり伝統主義的な傾向をしばしば持っていました。というのも私たちは、自分たちはつねに変化する近代的な社会に生きているけれど、それとは対照的に、人類学がかつて研究していたような「未開社会」はほとんど変化しない社会だと、やはり無意識に思い込んでいるからです。このようなバイアスを確認した上で、人類学にとっての「歴史」という今日のテーマに入っていきましょう。

イロイの語り

さて、このテーマについて考えるための具体的な手がかりとして、ふたたびマライタ島からの事例を紹介したいと思います。

私が住み込みをしていたフォウバイタ村の沖に、アリテ島という小さな島があります。現在、この島は無人となっていて、遠くから見ると、小さな茂みが海の上にポツンと浮かんでいるように見えます。この地域の人々によると、アリテ島に人が住まなくなったのは１９８０年代はじめのことだそうです。当時、この島にはイロイという男性とその弟の２つの家族が住んでいたそうです。[2] イロイは、私がフィールドワークを始めたときにはフォウバイタ村に住んでおり、50代後半でした。初日の講義でお話ししたように、１９７０～８０年代には沖合の島々からマライタ島本島への移住の波が起こりました。この波の中で、イロイとその弟も、現在フォウバイタ村がある海岸部に移り住んだのだそうです。弟の世帯は、その後、ガダルカナル島にある首都に移住したので、現在フォウバイタ村に住んでいるのはイロイとその妻、および一部の子どもたちだけになっています。

フォウバイタ村への住み込みを始めてまもなく、私は、イロイが周囲の人々の間で、無口でおとなしく、また勤勉な人物として認められていることを知りました。畑に出かけない日には、彼はいつも自宅の床下で、住居の建材として用いられるサゴヤシの葉を編んだり、切り出してきた木材を削って斧の柄を作ったりといった作業に一人精を出していました。私も時にイロイに話しかけてみたのですが、会話が弾むことはほとんどなく、このことは、「彼はおしゃべりでないから」という評判を裏付けているように思われました。

ところが、フォウバイタ村やその沖合の島々に住む人たちの親族関係や移住史について調査を進めていくと、イロイが実はこの地域で潜在的に問題を含んだ立場にあることがわかってきました。現在、フォウバイタ村とその周辺の土地は、この土地にはじめに住みついた集団であるとされるフォウバイタ氏族という一族が所有するものとみなされています。ところがやがて明らかになったように、一定数の人々はフォウバイタ氏族の土地所有集団としての正統性を疑っており、この一族ではなく、今お話ししたイロイこそが、この土地の本当の所有集団の生き残りなのだ、とひそかに主張しています。

このような主張は、フィールドワーク中の私には奇妙で謎めいたものと思われました。先ほどお話ししたようにイロイは、温和で勤勉な男性として静かな敬意の対象となってはいますが、現在のこの地域でとくに大きな社会的影響力をもっているわけではありません。また、マライタ島では父方のつながりが重要なのですが、彼には父方の近親者が身近に一人もおらず、親族関係において孤立した立場にあります。私が知る限り、イロイ自身が自らを「本当の」土地所有集団の子孫であると公然と主張することは決してなく、彼とフォウバイタ氏族の間の対立は、あくまで潜在的なものにとどまっていました。このような状況は、私には、奇妙にもあいまいで宙に浮いたものと思われました。すなわち、大多数の人たちが、日常的にフォウバイタ氏族を正統な土地所有集団として認めている反面で、一部の人たちはその正統性を疑っています。しかし、そのような認識の不一致が決して顕在化されないために、けっきょくのところ何が真実なのかは「よくわからない」、と人々が口にするような状況です。またイロイの家族には、彼の姉が川で溺死したり弟がトラック事故で死亡したりといった災いが続いていることが知られており、このことも、フォウバイタ村の土地所有をめぐる問題をいっそう謎めいたものにしていました。

そんな中、２００９年７月のある朝、私はイロイと決定的な会話をすることになります。その朝、散歩の途中でとくに当てもなしに彼の家を訪ね、イロイと並んで床下に座っていた際、あたかもその機会を待っていたとでも言わんばかりに、彼が珍しく自分から口を開きました。

そして彼が語ったのは、当時の私にとって驚くべき内容でした。

彼によれば、アリテ島を造った父方祖父の親族たちはかつて、現在のフォウバイタ村の近くに大きな村をつくって住んでいたそうです。ところが、ある晩「オメア」、すなわち戦闘・襲撃のために組織された集団がやって来て、この親族たちはほぼ皆殺しにされてしまいます。生き残った男性は、まだ幼かったイロイの祖父一人だけだったそうです。その夜、祖父はあまりに泣くので、二人の姉と一緒に、月経中の女性の隔離区画「マーナ・ビシ」に寝かされていました。オメアの男性たちは、けがれた状態になることを恐れてマーナ・ビシには立ち入らないので、この子たちは助かったのだそうです。オメアを行ったのは、現在この一帯の土地所有集団とみなされているフォウバイタ氏族の祖先たちで、それ以後、この人々が本来の先住集団の代わりに現在のフォウバイタ村付近に住むことになりました。一方、生き残った祖父は、オメアを行ったフォウバイタ氏族に養子に取られて育てられます。しかし、マライタ島では、自分たちのことを殺しにやって来た人々からは決して食べ物を受け取ってはならないとされます。もし食べ物をもらったならば、自分や親族が必ず死ぬことになると言われます。弟がトラック事故で死んだのもこの食べ物のためである、とイロイは言いました。また、オメアの生き残りである祖父は、自身の親族を殺したフォウバイタ氏族の人々の下で大きくなり、結婚した後にアリテ島を建設してそこに移り住んだ――これがイロイの語りでした。

謎としての歴史

さて、現在のフォウバイタ村と沖合の島々をめぐる「隠された歴史」とでも呼ぶべきものを語るこのような語りに接して、私は大いに驚き、この語りをどのように受け止めればいいんだろうか、と困惑し動揺しました。ごく表面的に見るなら、イロイの説明は、自らを「フォウバイタ村の本当の先住集団の生き残り」として正統化するものとなっています。だとすれば彼は、私に対して自分を「本当の土地所有者」として提示するために、ありもしない話をでっち上げたのでしょうか？　どうでしょう？　みなさんがマライタ島でフィールドワークをしていて、このような語りに接したとしたら、それをどう受け止めますか？

――うーん、一晩で皆殺しって……ちょっとドラマチックすぎる気がしますけど……「本当にそんなことあったのかな？」というのが正直な感想です。

なるほど、これはこれで自然な感想ですね。そちらのあなたはどうですか？

――たしかに「そんな劇的なことが本当にあったのだろうか」と感じますけど、「そんなことあるわけない」と決めつけてしまうのはよくないと思います。そういう戦いが当時本当にあったのかどうか、どこかに記録されていたりしないのでしょうか？

なるほど、お2人とも「ちょっと信じがたい」という率直な感想を言ってくれました。ちなみに、マライタ島の人たちはよく、「祖先やその系譜について虚偽を語るならば、必ず病や死などの災厄が訪れる」と言います。だとすれば、先ほどお話ししたように、すでにいくつもの災いに見舞われているイロイが話をでっち上げたとは考えにくいですね。それから私自身も、2人目の方のように、「そんなことあるわけない」と決めつける前に、「この事件を傍証するような資料はないだろうか?」と探そうと考えました。フォウバイタ村の教会に記録されている人々の生没年や洗礼を受けた年、さらにはそこから推定できるアリテ島の建設年などから推定すると、イロイが語った襲撃が仮に本当にあったとすれば、それは19世紀末から20世紀初頭のことであると考えられます。この時期にはすでにヨーロッパ人がマライタ島を継続的に訪問するようになっているので、何らかの史料が残っている可能性もあります。ただ実際には、ソロモン諸島国立文書館などで探しましたが、この時期のフォウバイタ地域についての詳しい史料は見つかりませんでした。

さて、イロイの事例が興味深いのは、過去にアシの人々が経験したかもしれない歴史的出来事が、私にとってだけでなく、この人々自身にとって謎めいたものとして現れているという点においてです。現在のフォウバイタ村付近でかつて、土地所有集団が一晩で入れ替わるような戦闘があったかもしれないし、なかったかもしれない。そしてアリテ島という島は、そのような禍々しい歴史と結び付いているかもしれないし結び付いていないかもしれない。文字記録をもたない人々である以上、これらのことについては、イロイの不確かな語り以外に根拠がないわけです。ところで私たちは、マライタ島の人々のように、一見「伝統的」な生活を営んでいる人たちは、自分たちの過去についてよく知っている、というイメージをもってはいないでしょうか。先ほど言った「過去から受け継がれた慣習に忠実に従って暮らしている人々」、「歴史を自らにとってのアイデンティティの根拠としている人々」というステレオタイプです。ところがまったく逆に、アシの人々にとって、自分たちが経てきたかもしれない歴史が、イロイの場合のように謎めいた不確かなものになっているとしたらどうでしょうか。マライタ島でのフィールドワークはまたしても、そのように不確かな歴史をめぐる冒険のようになってきますね。「歴史」のこのように謎めいたあらわれを手がかりにして、今日は人類学にとっての歴史というテーマについて考えてみましょう。

人類学にとっての歴史

人類学の系譜を100年以上にわたって振り返ってみると、おもしろいことに、歴史的な視点、つまり「調査地がどのような出来事や変化を経てきたかを通時的にたどろう」という視点が、登場したり消えたりすることが見て取れます。ここでのポイントは、1920年代から1980年代頃まで、つまりはマリノフスキから『文化を書く』の論争あたりまでの人類学（1日目・4日目を参照）が、通時的な視点をあえてとらず、調査地の歴史を視野の外に置いて研究する、という姿勢をとっていたことです。これに対し、人類学に歴史的な視点を導入するという新しいアプローチは、主に1980年代に入ってから登場します。

こうした経緯を理解するためには、19世紀から20世紀に至る人類学の展開について確認する必要があります。これまでの講義でお話ししてきたことですが、20世紀はじめにマリノフスキたちによって長期フィールドワークに基づく個別地域の集中的研究というスタイルが確立される以前には、人類学の主流をなしていたのは、「人類の文明の進歩をたどる」という進化主義的な発想でした（3日目を参照）。ボアズとの関連ですでにお話ししたように、19世紀の欧米において、「進歩」と「進化」を区別しない進化主義的発想は支配的な思考枠組みの一つでした。この枠組みの下で、人類学は、世界各地の宣教師や植民地行政官から送られてくる報告をもとに、各地の文化・社会を、近代ヨーロッパを頂点とする「文明の進歩」の諸段階に序列化するような知として形成されたわけです。一例としてルイス・ヘンリー・モーガンの『古代社会』（1877年）は、「野蛮」から「未開」を経て「文明」に至る人類の文化的進化の三段階を想定した上で、世界各地の親族名称を、進化の前段階を示す痕跡として進化主義的に解読してみせました。[3] そこではたとえば、父親の兄弟を「父」、母親の姉妹を「母」と呼ぶような親族名称は、かつてその地域で行われていた兄弟姉妹婚の痕跡であると解釈されました。このような理解を支えていたのは、「進歩」の異なる段階にある異文化を研究することで、「文明の進歩」の過程を、したがって近代ヨーロッパの歴史的位置を理解することができるという想定だったと言えます。その限りにおいて、19世紀から20世紀初頭までの人類学は強い意味で「歴史的」な人類学であったと言えます。

これに対し、1920年代以降、長期フィールドワークに基づく個別地域の集中的研究という新たなスタイルを提示したマリノフスキたちは、それまでの進化主義的人類学を擬似的で非科学的な歴史研究にすぎないものとして徹底的に否定しました。たとえば、マリノフスキの同時代人であるラドクリフ=ブラウンは、人類学の研究対象であるいわゆる「未開社会」は、多くの場合文字による歴史的記録をもたない以上、過去におけるその家族形態や宗教についての研究はあくまで「擬似歴史的推測」にすぎないとして、そのような研究を退けました。[4] 同じようにマリノフスキは、初日の講義でも触れた「クラ」と呼ばれる儀礼的交易についてのエスノグラフィーを通して、人類学の課題を、フィールドワークの時点における社会・文化の全体性を描き出すことであるとしました。[5] 図式的に言うなら、ラドクリフ=ブラウンやマリノフスキが提唱したのは、19世紀の通時的で進化主義的な人類学に対して、「フィールドワークを基盤として、調査地の歴史をあえて語らない人類学」であったと言えます。

このように見ると、マリノフスキが『西太平洋の遠洋航海者』で描き出したのが、島から島へと貴重品が儀式的にプレゼントされ続ける、「クラ」と呼ばれる円環であったことは象徴的です。そこにおいてクラはあたかも、始まりもなければ終わりもなく、永遠にぐるぐると輪を描いて行われ続ける、あたかも歴史の外にあるかのような事柄として描き出されています。実際、「クラの慣習はいかにして始まったか」といった問題に関心がないことを、マリノフスキ自身も明記しています。また同じ理由から、私たちは、マリノフスキのエスノグラフィーを読むと、「クラというのは何百年も変わらず行われている慣習だ」という印象を受けますよね。[6]これは今日の授業の冒頭で触れた博物館の仮面とよく似ています。長期フィールドワークに基づくエスノグラフィーという研究スタイルだけでなく、このように研究対象を歴史をもたない永遠の「未開社会」であるかのように描き出した点でも、マリノフスキのクラ研究はその後の人類学のあり方を規定するものとなったと言えます。

このように20世紀の人類学は、進化主義的な想定に立脚していたそれまでの人類学の歴史観を拒絶することから出発しました。そしてその結果として、20世紀の大部分を通じて、「調査地の歴史をあえて問題にしない人類学」が主流となったわけです。ところが、このような姿勢は1980年代頃から批判されるようになります。その中で、人類学には「歴史」という主題が、かつての進化主義とはまったく異なるかたちで再導入されることになります。そのような新しい動きを「歴史人類学」と言うのですが、次にそれについてお話ししましょう。

歴史人類学の登場

主として1980年代以降、それまでの「調査地の歴史をあえて見ない人類学」が批判されるようになってきたことには、いくつもの背景があります。中でも重要なのは、同じ時期に人文・社会科学の広い範囲で盛り上がってきた「ポストコロニアリズム」と呼ばれる動きです。初日の講義でもこの言葉を紹介しましたが、みなさん覚えていますか？　そのときにも言いましたが、ポストコロニアリズムとは、欧米諸国などによるそれ以外の地域の植民地支配という歴史的現実に、多かれ少なかれ無意識的に立脚していた従来の考え方や社会制度を批判し、見直そうとする動きのことです。そのような動きが顕著になるにつれ、植民地支配という背景としばしば不可分に営まれてきた20世紀の人類学も激しい批判の対象になりました。そしてその中で問題にされるようになったことの一つが、今お話ししてきた、「調査地の歴史をあえて見ない」というこれまでの人類学の姿勢だったのです。すなわち、3日目や4日目の講義でもお話しした通り、20世紀初頭以来の人類学は、非西洋世界の「異文化」を、植民地支配その他の歴史的な文脈から切り離し、抽象的に固定化されたかたちで描き出してきたのではないか。マリノフスキ以来、人類学者たちは、非西洋世界の親族組織、儀礼、贈与・交換システムなどを、あたかも歴史の外にあるかのように記述してきましたが、そのような描き方それ自体が、人類学者の側のバイアスに基づく、ある種の暴力だったのではないか。そこで見落とされていたものを見直すべきではないか。そのような批判が寄せられるようになったのです。

このような批判を受け、主に1980年代以降の人類学者たちは、植民地主義の歴史をはじめとする調査地の歴史を視野に入れた新たな人類学的研究を試みることになります。そのような新しい研究が、一般に「歴史人類学」と呼ばれます。この時期以降の歴史人類学は、この講義でもたびたび問題にしてきたような、「独自の文化をもった状態で孤立した未開社会」、「何百年も変わらない伝統的社会」という20世紀人類学の暗黙の前提を批判しました。マリノフスキが調査したマッシム諸島であれ、私自身が調査したマライタ島であれ、「何百年も変わらない」ように見えるのはあくまで表面的な印象であり、実際には、これらの地域にも外部世界とのさまざまな接触の歴史があるのであり、そうした歴史を通じてこれらの地域はさまざまに変化してきた。現状はその結果である、というわけです。マライタ島のアシの島々が、私たちの予想に反して、ヨーロッパ人たちがやって来るようになった19世紀末以降に急増していることについては、すでに3日目の講義でお話ししました。そのように、マリノフスキたちがあえて見なかった調査地の歴史に目を向けることで、調査地の「文化」に対してまったく新しい光を当てることができるわけです。なお正確に言えば、「外部世界との接触の歴史」だけが「歴史」ではありません。しかし、初期の歴史人類学の多くが接触の歴史に着目していたことは事実なので、今日も主にそれを扱います。

このことをキーワード的に言うなら、3日目の講義でも問題にしたように、「文化」という概念が「われわれ」と「彼ら」を切り離してとらえる傾向があるのに対して、「歴史」という概念は、「われわれ」と「彼ら」を結び付けて見ることをうながす、と言えるでしょう。私たちはつい見逃してしまいがちですが、たとえばマライタ島とヨーロッパ世界の間にも知られざる歴史的つながりというものがあるのであり、アシの島々のような現在見られる「文化」は、そうした歴史的つながりの中から生まれてきたものなのだ、というわけです。

このことを強調した論者として、私と同じ太平洋地域の研究者で、1980〜90年代の歴史人類学のリーダーの一人だったニコラス・トーマスという人類学者がいます。この時期の著作でトーマスは、それまでの人類学を特徴付けてきた「われわれ／彼ら」という固定的な対比を批判しています。[7] 彼によれば、「異文化」を研究する学問として自らを規定する人類学は、研究者にとっての自文化と研究対象としての異文化の違いを、乗り越えがたい絶対的なものとして想定する傾向がありました。たとえば、昨日の講義で見たエヴァンズ＝プリチャードが、「ヌアーには、われわれとは違って時間の観念がない」と述べたようにです。しかし実際には、

「われわれ」と「彼ら」は、植民地支配その他の歴史の中でつねに交わり合い、「もつれ合って」きたのであり、各地の文化やそれらの間の差異は、もともとあるものと言うより、そのような「歴史的もつれ合い」の結果として生まれてきたものにほかならない、と彼は言います。そうである以上、歴史人類学の課題は、そのような「歴史的もつれ合い」とその結果としての「文化」の生成過程を、たとえば植民地政府や宣教師による記録をもとにして明らかにすることにある、というわけです。

そのような「文化」の歴史的形成の一例としてトーマスが挙げているのが、フィジーで贈り物として用いられる「タンブア」というクジラの歯です。[8] フィジーにおいてクジラの歯は、現在に至るまで、さまざまな儀式の場面で贈り物にされる貴重品であり、多くの人類学者は、クジラの歯の儀礼的使用を「フィジーの伝統的慣習」として記述してきました。これに対しトーマスは、イギリス植民地政府の初期の史料などを調べることで、クジラの歯の流通と使用が、むしろ植民地時代に入ってから捕鯨船などを通して拡大したものであることを明らかにしてみせました。それ以前のフィジーでは、クジラの歯は、死んだクジラが浜辺に打ち上げられた際に手に入るのみであり、贈り物としてのその使用は決して一般化しえなかった、と彼は指摘します。このような研究は、それまで不変の「伝統的慣習」と思われていたものが、実は植民地支配と結び付いた「歴史的もつれ合い」の産物であるという驚くべき事実を明らかにしています。歴史人類学のこのような視点は、人類学の研究対象としての「文化」をつねに動いているものとしてとらえ直すものであり、その点で人類学を革新するものだったと言えます。歴史人類学の登場以降、人類学者はもはや、植民地支配その他の歴史を無視して「文化」や「社会」について語ることができなくなりました。またこのことから、歴史人類学が、3日目の講義でお話しした「文化」観の見直しや、昨日お話しした「文化」の描き方をめぐる問い直しの一環であることもおわかりいただけるでしょう。

イロンゴットの首狩り

それでは次に、1980年代に登場した歴史人類学の初期の代表的な研究をいくつか見ることで、「人類学にとって歴史とはいかなる主題か？」という今日のテーマについて考えていきましょう。はじめに取り上げるのは、1980年に出版されたレナート・ロサルドの『イロンゴットの首狩り、1883〜1974』[9]という本です。残念ながら日本語訳はありません。この本は、この時期の人類学者が、人類学のテーマとしての「歴史」を再発見していったプロセスを明確に記したものと言えます。すでにお話しした通り、私たちがしばしば抱いている暗黙の偏見として、「非西洋の伝統的な社会に暮らしている人々は、何百年も孤立してほとんど同じ生活を続けている。したがって、この人々に歴史と呼ぶべきものはない」という考え方があります。しかし、本当にそうなのでしょうか？　この問いに、ロサルドは自身のフィールドワークを通して向き合っていきます。

ロサルドが、妻である人類学者のミシェル・ロサルドとともに調査対象としていたのは、フィリピンのルソン島に住むイロンゴットという人々です。当時のイロンゴットは、ルソン島の山地帯でイノシシなどの狩猟やコメ、サツマイモなどの焼畑農耕を行って暮らしていました。ロサルド夫妻は１９６０年代後半から、何度かに分けて長期にわたるフィールドワークを行いましたが、その過程で問題になったのは、自他ともに認めるイロンゴットに特徴的な慣習である首狩りをどう理解するかということでした。

イロンゴットの人々はかつて、身近な家族が亡くなった際など、苦しみや怒りで心がいっぱいになった際に、道で待ち伏せをして、通りかかった人の首を不意打ちで狩るということを行っていたと言います。首はその場で投げ捨てられ、それによって苦悩や怒りも投げ捨てられるとイロンゴットの人々は言います。またかつては、首狩りを行った若者だけが一人前の男として認められたそうです。ではなぜイロンゴットの人々はそのような行為をしていたのか？　その背後にはどのような動機があったのか？　ロサルド夫妻は、このように問うことで、もっとも理解しがたい他者の慣習を理解しようとするという、すぐれて人類学的な課題に取り組みました。とくにミシェル・ロサルドはこの慣習を、人間の心は、知識・分別としての「ブヤ」と、怒りなどのドロドロしたエネルギーとしての「リゲット」という2つの要素からなるというイロンゴットの考え方、言うなればイロンゴット流の心理学をもとにして説明しました。[10] すなわち、この人々において、近親者の死などの悲しみや他者への妬みといった感情はドロドロした「リゲット」を生み出しますが、それは「ブヤ」によって適切にコントロールされる必要があるとされます。「リゲット」を抱えた若者たちを、「ブヤ」をもった年長者たちが導き、計画的に首狩りを行うという行為は、イロンゴット社会の根底にあるこのような心理的ダイナミズムのあらわれであるわけです。ミシェル・ロサルドのこのような研究は、人間の心理についての人類学的研究として今でも高く評価されています。

さて、ロサルド夫妻も、フィールドワークをはじめた当初は、イロンゴットの人々を、物質文化もごく素朴で、つい最近まで首狩りを行っていた「未開」の人々であると思っていたようです。外部から隔離され、数百年間も変化しない「未開社会」という20世紀人類学のステレオタイプを、彼らも共有していたわけです。ところで、ロサルドがイロンゴットから聞き取りを行うと、ある場所から別の場所への住居や畑の移動についての具体的な語りに無数に接することになりました。「うちのじいさんは○○に家をもっていた。その後、父さんが生まれた頃、××に家を移した。その後、父さんが結婚すると△△に移した」というようにです。ロサルド自身、当初は、「いったいこんな話に何の意味があるのか?」と思っていたそうです。しかし、

1970年代の再調査を機会に、彼は、イロンゴットにとって意味があるこうした語りを通じて、この人々の世界を理解するしかないのではないか、と思い直します。これによって、イロンゴット流の歴史の語り方を理解するという歴史人類学的課題が、はじめてロサルドの視野に入ってきました。

その成果が『イロンゴットの首狩り』という本ですが、この本でロサルドが提示した有名なキーワードに「時間の空間化」というものがあります。これは、たとえばイロンゴットのような人々において、ある出来事は、それが起こった場所や当時の居住地などに結び付けて記憶され、語られるということを意味します。これは、マライタ島でフィールドワークを行った私の実感にもまさしく合致します。マライタ島で、調査地の歴史を知りたいと思って、たとえば「あなたのおじいさんのことを聞かせていただけますか?」といったふうにインタビューしたことがあります。ところが、ほとんど話が弾まないことも多く、「祖父母の世代のことはもう語り継がれていないのだろうか……」と落胆したりもしました。ところが、同じ相手とある日、村はずれの畑のあたりを歩いていて、その人が、「見てみろ、うちのじいさんはこのあたりに畑をもっていたんだ」と言って、そこから堰を切ったように自分のおじいさんの思い出を語ってくれる、といったことがたびたびありました。わかるでしょうか? 「あなたのおじいさんについて聞かせてください」といった抽象的な質問には答えてくれないのに、おじいさんがかつて畑をもっていた具体的な場所を前にすると、おじいさんについての思い出があふれるように語られるわけです。ここでは、自分のおじいさんについての記憶が、かつて畑があった場所と密接に結び付けられています。というか、アシの人々において、そうした結び付きなしに過去についての想起や語りはありえないわけです。昨日の講義の最後に紹介した、マーシナ・ルールという反植民地主義運動の記憶もそうでしたよね。ロサルドが言った「時間の空間化」とは、まさしくそうした歴史的記憶のあり方を意味しています。

別の言い方をするなら、イロンゴットやマライタ島の人々において、歴史の基準は西暦ではなく地名、具体的にはかつての居住地や畑の場所であると言うことができます。だとすれば人類学者は、まさしくロサルドがそうしたように、「○○のとき、私は××に住んでいた」という無数の語りから、これらの人々の歴史的記憶を再構成する必要があります。私はフィールドワークのはじめの頃、「アシの人たちには歴史がほとんど語り継がれていないのだ」と誤解していましたし、おそらくロサルドもそうでした。しかし実際には、これらの人々は歴史をもたないのではなく、私たちの考える歴史とは異なる仕方で歴史を認識し、語っているのです。ロサルドが『イロンゴットの首狩り』で書いているのは、まさしくそのような気付きについてです。

このような認識に基づき、ロサルドは、イロンゴットの人々が語る、イロンゴット流の歴史を明らかにしていきます。そこでは、移住、結婚、首狩りなどについての語りを通して、一見ルソン島の山の中に隔離されているかに見えるイロンゴットが、フィリピン革命、日本軍の侵攻、農民反乱などの歴史的変動を経験してきたことが示されます。このような研究を通して、ロサルドは、イロンゴット社会を、固定的な「文化」や「社会構造」を通じてではなく、歴史的に変化してきたものとして、なおかつ、彼らなりの歴史の語り方を通して理解すべきである、と主張します。このようにして、1980年代に、「歴史」が新たな人類学的テーマとして前面に出てきたわけです。

クック船長殺害事件の謎を解く

さて、次に紹介したいのは、アメリカの人類学者マーシャル・サーリンズが1980年代の著作で発表した、18世紀末のハワイ諸島におけるジェームズ・クック船長殺害事件についての分析です。[11] こちらも、初期の歴史人類学の代表的な研究として知られています。サーリンズは、太平洋地域の経済生活についての研究で早くから知られていましたが、1970年代以降、太平洋におけるヨーロッパ人と現地の人々、先ほどお話しした「われわれ」と「彼ら」の接触の歴史について、文書資料をもとにして研究することができるという着想を得ます。すなわち、太平洋地域の文化と、この地域が世界史的な関係性の中に巻き込まれていく歴史的過程の相互作用について詳細に跡付けることができる、ということに気付いたわけです。具体的に言えば、彼が実践しようとしたのは、それまでの人類学における「ずっと変わらない文化」と「一度しか起こらない歴史的出来事や変化」という切り分けを乗り越え、この両極の相互作用をとらえるような歴史人類学です。そのことを彼は、第一に「歴史的出来事は、既存の文化的枠組みに従って意味づけられる」、そして第二に、「既存の文化的枠組みは、その都度異なる歴史的状況にそのように適用されることで、多かれ少なかれ変容する」という2つの相補的な見方によって達成しようとします。

このようなサーリンズの歴史人類学を代表する議論として、ハワイ諸島へのジェームズ・クックの来航と彼の殺害についての分析が有名です。1779年1月、3度目の世界一周の途上でハワイ島に来航したクックの船団は、当初は現地の人々によって熱狂的に歓迎されますが、約1か月の後、クックは現地の人々とのいさかいの中で殺害されます。クックはなぜ殺されたのでしょうか？　近代史上よく知られたこの謎に対し、サーリンズは一連の著作の中で驚くべき謎解きを提示してみせます。

クック船長の殺害についてのサーリンズの分析は、今見返しても非常に刺激的で、またそうであるがゆえに激しい論争を引き起こしました。サーリンズが航海日誌や天文学的な計算に基づいて推定するところによると、クックの船団のハワイ島への到着は、偶然にも同島の新年祭であるマカヒキ祭の時期に当たっていました。冬の終わりのこの祭において、島の人々は、土地に豊饒性をもたらすロノ神の再来を祝います。マカヒキ祭では、ロノ神の像が島を時計回りに一周し、寺院のあるケアラケクア湾に上陸するのですが、偶然にも、クックらの船も島を同じ方向に一周し、さらに偶然にもケアラケクア湾から上陸しました。クック一行の記録によれば、クックはロノ神の寺院に招き入れられたのですが、このとき彼は、十字架型をしたロノ神の像と同じように、腕を左右に伸ばした姿勢で迎え入れられ、人々は「オ・ロノ」と声を上げたといいます。すなわち、まったく偶然にマカヒキ祭の文化的構造に合致したかたちで行動したがために、クックはロノ神の役割を引き受けることになったのです。

ここにおいて、クックの来航という一回的な歴史的出来事と、この島で毎年反復されるマカヒキ祭という文化的構造は偶然に一致していた、とサーリンズは言います。祭の終わりに、ロノ神は土地の王と儀式的な戦闘を演じて敗れ、像は解体されて1年後の祭まで寺院に隠されます。このように儀式的に上演される死によって、ロノ神が体現する豊饒性は土地のものとされるのです。クックたちは、島の人々に「1年後に戻ってくる」と約束し、マカヒキ祭の終わりとほぼ時を同じくして出航しました。ここまでは、クックらの行動とマカヒキ祭の構造は見事に合致していました。ところが約1週間後、再びまったくの偶然として、クックらの船団は嵐に遭遇して船のマストが折れ、一行はハワイ島に戻ることを余儀なくされます。ハワイ島の人々にとって、この再来は理解しがたい出来事であり、文化的役割から逸脱したクックらは混乱をもって迎えられます。そうした中、些細な盗難事件をきっかけに島の人々との小競り合いが起こり、その中でクックは殺害された――それがサーリンズの分析です。

いかがでしょうか？　なお、今紹介したクックのハワイ島来航とマカヒキ祭をめぐる分析は、サーリンズの歴史人類学のうち、先に述べた第一の見方、すなわち「歴史的出来事は、既存の文化的枠組みに従って意味づけられる」という見方を代表するものと言えます。同じ時期の著作には、先の第二の見方、具体的には、「ヨーロッパ人との接触を通じてハワイ諸島におけるタブーの観念が変化した」といった分析も見られるのですが、こちらはやや精彩を欠いているように思われます。実際、その後の論者によって主として取り上げられてきたのもこの第一の見方でした。いかがでしょうか、サーリンズの奇抜な分析を聞いてどう思いましたか？

――うーん、たしかにおもしろい分析ですけど、クック船長が神として迎え入れられて殺されたなんて、なんかうまくできすぎた話だなっていうのが正直な感想です。そんなこと本当にあるのかな、って思いました。

なるほど、そうした感想をもつ人がいるのも当然ですよね。そちらのあなたはどうですか？

——私は逆に、「なるほどそういうこともあるだろう」と納得しました。海の彼方から巨大な船に乗って肌の色が違う人たちがやって来たとき、その人たちを神様だと思ってしまうことは十分ありうるんじゃないでしょうか。

そうですか、人類学的でよい解釈ですね。実際、人類学の分野では、南太平洋の各地に、海の彼方からやって来た人たちを自分たちとは違う人たちとしてまつり上げる「外来王」という観念があることが知られています。ですので、クック船長が神としてまつり上げられたということは、決してありえないものではないでしょう。

さて、1980年代にサーリンズの分析が発表されると、賛否両論の激しい論争が巻き起こりました。今言ってくれたように、クック船長は本当にロノ神として迎え入れられたのだろうか、その証拠は十分だろうか、という疑問もありました。また、ヨーロッパ人を太平洋の人々にとっての神と位置付けるそうした解釈自体が、欧米人における自己中心的な偏見のあらわれなのではないか、という批判もありました。また、より理論的には、ハワイ島にマカヒキ祭という「文化」があり、そこにクック船長という外来の刺激がもたらされることで事件が起こったというサーリンズの議論自体、固定的な「文化」イメージを反復してしまっているのではないか、という批判もありました。しかし、このような批判の嵐が巻き起こったのは、そもそもサーリンズの議論がきわめて刺激的で魅力的だからでしょう。先ほどの人も言ってくれたように、サーリンズの分析を聞いて「そんなことありえない」と感じる人もいるでしょう。しかし、1日目以来の講義で言ってきたように、私たちの常識を超える「ありえない」と思われることを本気で受け止めることにこそ、人類学の核心があります。その意味で、サーリンズの分析は、歴史を人類学的に考えるとはどういうことかを深く考えさせてくれるものだと言えるでしょう。

「はじめの時代」を物語る

さて、主に1980年代に登場した歴史人類学の研究をいくつか見てきました。これらはいずれも、歴史について私たちがもっている常識的なイメージを揺るがしてくれるものと言えるでしょう。すでにお話しした通り、マライタ島のような、一見伝統的な生活様式を維持しているように見える地域を見ると、私たちは、「この人たちは、過去から受け継がれた伝統に忠実に従って生きているのだろう」、「この人たちは自分たちの過去についてよく知っているのだろう」、「そうした歴史的知識が、この人たちにとってアイデンティティの土台となっているのだろう」と思ってしまいがちです。なぜならそれこそが、「つねに変化している近代的社会」と対比される「伝統的社会」について私たちがもっているステレオタイプだからです。しかし実際には、先のイロイのように、私がマライタ島で出会ったのは、過去に起こったかもしれない重大な出来事について、「よくわからない」と語る人々でした。そこにおいて、自分たちが経てきた歴史は、アシの人々自身にとって謎めいたものとなっています。それは、この人たちにアイデンティティの根拠を提供するどころか、この人たちのアイデンティティをつねに揺さぶるような謎としての歴史であると言えます。今日お話ししたいことの一つはまさしく、歴史人類学が、このように、「アイデンティティの根拠としての歴史」という常識的な見方を相対化するような視点を提供してくれるのではないか、ということです。

このことは重要だと思います。今日紹介してきたのは、現地の社会がヨーロッパをはじめとする外部世界と接触する、広い意味での植民地化の状況でした。そのような植民地化の状況は、多くの場合圧倒的な不平等や暴力、苦しみによって特徴付けられた状況であり、まさしくそのために、その歴史的経験が現地の人々にとって、思い出したり語ったりすることが困難なものとなることは珍しくありません。マライタ島のアシの人々が、いったい誰が本当の土地所有者なのか「よくわからない」と語っていたことを思い出してください。それでは、そうした地域で調査を行う人類学者は、そのように困難な歴史についてどのように調べ、それを書き取ればいいのでしょうか？　私たちは「歴史」というものを、なんとなく「文書記録を調べればわかるもの」として想像してしまいがちですが、今日見てきたように、人類学者が直面するのはそれとはしばしば異なる状況です。次の事例として、この問題について考えさせてくれる研究を紹介したいと思います。

紹介したいのは、リチャード・プライスという人類学者が1983年に発表した『はじめの時代』[12]という本です。先のサーリンズの本などと同じ時期に登場した、歴史人類学の初期の代表的な研究ですが、残念ながら翻訳はありません。プライスは、南米の旧オランダ植民地であるスリナムに住むサラマカという人たちの下でフィールドワークを続けていました。サラマカは、かつてアフリカから連れて来られた奴隷の子孫で、彼らの先祖である奴隷たちは、現在のスリナムにあったサトウキビ・プランテーションで労働していました。しかしこの人々は、17世紀から18世紀頃、プランテーションの過酷な環境から逃れて周囲の熱帯林に逃げ込みます。この逃亡奴隷の子孫たちが、後になって一つの民族のようにみなされるようになり、サラマカと呼ばれるようになったわけです。プランテーションから逃亡したサラマカの祖先たちは、彼らを捕えようとする植民者たちとの過酷な戦いを続けました。捕らわれれば残虐な拷問を受けるという困難な状況下で戦闘を続け、最終的には18世紀半ばに植民者たちと停戦に合意したそうです。

さて、歴史人類学の研究はここからです。プライスがフィールドワークをした頃のサラマカは、祖先たちがプランテーションから逃亡して戦いを続けたこの苦難の時代を、「はじめの時代」と呼んで語り継いでいました。プライスは、もともとサラマカの下で別のテーマについて調査を行っていたのですが、ある時期以降、この人々にとって特別な意味を帯びている「はじめの時代」の歴史的記憶を書きとめたいと考えるようになります。さて、「はじめの時代」は、サラマカの人々にとって、いくつもの点で特別な意味を帯びています。第一にそれは、現在に至るサラマカという集団の起源を物語る重要な歴史的知識です。そして第二に、それは過酷なプランテーション生活や植民者との戦闘、熱帯林での逃亡生活など、極端な苦難と混乱の時代についての記憶となっています。プライスはまさしく、トラウマ的とも言えるこのように困難な歴史を聞き取り、書きとめるという課題に取り組んだわけです。

サラマカにおいて「はじめの時代」は、そのように重みのある歴史的記憶であるがゆえに、軽々しく語ってはならない半ば秘密の歴史として継承されています。おもしろいのは、そのために、「はじめの時代」の歴史が、一見したところその意味を読みとることができないような、言うなれば暗号化されたかたちで語り継がれているということです。たとえば、この歴史に登場する祖先の名前は軽々しく口にしてはいけないので、しばしば別の名前に言い換えられて語り継がれています。また、「はじめの時代」のエピソードが歌のかたちで伝承されていることもよくあります。日本の童謡のことを考えてみればわかりますが、仮にその歌が具体的な歴史的出来事をもとにしたものであったとしても、いったん歌になってしまうと抽象化されて、いつ、どこであった出来事なのかわからなくなってしまいますよね。そうでない場合でも、「はじめの時代」の記憶は極端に断片化されたかたちで語り継がれていることがふつうであり、また、一つの出来事についてもさまざまなバージョンが語られることがよくあります。このような伝承の仕方は、研究者だけでなく、当のサラマカの人々にとっても困難をもたらすものと言えるでしょう。サラマカの男性は、「はじめの時代」について知りたいと思った場合、ちょうどマライタ島の人々の「調査」（3日目を参照）と同じように、年長の世代の男性たちを訪ねて、そのような断片的知識を授けてもらいます。彼らはまさしく、今言ったような無数の断片を自分なりに収集してつなぎ合わせるわけですが、結果的に生まれるのは、「はじめの時代」についての、ある意味ではどれが正しいのかわからないような十人十色のバージョンです。

プライスは、このように困難な「はじめの時代」の歴史を、膨大な断片的な語りを収集し、それらを植民地時代の文書記録とも照合することで描き出そうとします。プライス自身によると、当時のサラマカの人々には、「「はじめの時代」について軽々しく語ってはならない」、しかし、「今語らないとこの歴史が失われてしまう」というジレンマがあり、人々はそうしたジレンマの中でプライスの調査に協力したそうです。プライスの『はじめの時代』は、本の作りとしても変わっていて、各ページの上部に、サラマカの人たちから聞き取った、「はじめの時代」の個別的なエピソードについての断片的な語りが書かれています。ページの下部には、それらの語りが植民地時代の文書とどう対応するかとか、いつ、どこでどのような出来事があったと推定されるか、といった解説が書かれています。一方でプライス自身は、「はじめの時代」を実証的に明らかにすることができる、という希望を捨てていません。しかし他方で、無数の断片からなる全体として「はじめの時代」を明らかにしようとする彼の作業には、人類学がしばしば困難な歴史を対象とするものであること、歴史を知り、書くことができるという可能性が自明でなくなるような領域を扱うものであることがよく表れていると思います。いかがでしょう。歴史人類学とは、まさしく歴史を書くことをめぐる試みであり、冒険だとは言えないでしょうか？

「よくわからない」歴史

現代の人類学において歴史を扱うとはどういうことか、少しずつ感じ取れてきたでしょうか？　それでは最後に、今日の冒頭で紹介したイロイの語りに戻って、そこで立ち現れていたのはいかなる「歴史」であるのかを考えてみましょう。先ほどもお話しした通り、歴史人類学的に言って、イロイの語りから考えるべきことは少なくとも2つあると思います。すなわち第一に、イロイの祖父が幼かった頃、現在のフォウバイタ村周辺で、居住者が一晩にして入れ替わるような戦闘・殺戮が実際にありえたかどうかということ。そして第二に、そのような戦闘・殺戮についてのイロイの語りが、アシにおける歴史に対する見方について、私たちに何を教えてくれるかということです。

第一の点については、私は、参照することができるあらゆる史料を検討した結果、イロイが語ったような戦闘・殺戮は十分にありえた、と考えています。宣教師たちをはじめ、この時代の西洋人が残した文書記録には、西洋人が継続的に来航するようになった19世紀末以降、マライタ島で集団間の戦闘が著しく激化したことが、異口同音に書かれています。マライタ島には、アシの言葉で「オメア」と呼ばれる集団間の戦闘がもともとありました。しかしこの時期、若者を労働力として海外のプランテーションに連れて行くことと引き換えに贈られたり、そうした出稼ぎ先からの手土産として持ち帰られたりした銃器が大量に流入したことで、そのような戦闘は急激に激化したと記録されています。1927年にマライタ島に滞在したイギリス人宣教師アイヴェンズ（3日目を参照）は、この時期の状況を「三十年戦争」と呼んでいます。彼の本の一節を見てください。

ライフルの保有は、これまで多かれ少なかれ平和な状態にあったコミュニティに、戦争と無法状態をつくり出した。かつて殺人は、黒魔術や姦通を行ったとがめられた者に対してに限られており、あるいは何らかの禁忌に違反したり誰かの誇りを傷つけたりした場合に行われていたのだが、今では人々は、人を殺すために殺す、あるいは誰かが持っている望ましい物を自分のものにするために殺すようになっている。大マラ〔マライタ島〕は、銃器の導入によって、殺し屋たちの粗暴な渡り合いの場所になり、戦いのための部隊のために、平和な心性をもつふつうの人々が暮らしていけないような場所になった。[13]

というわけで、イロイの祖父が幼かった頃、現在のフォウバイタ村付近で激しい戦闘・襲撃があった可能性は十分にある、と私は考えています。というか、そのような可能性があるからこそあのような語りが可能になっているのであり、イロイの語りは決して根拠のないものではないと考えられます。加えて、非常に興味深いことに、アシの島々が急速に増加しているのもこの時期のことです。これについては3日目の講義で触れました。その背景として、この時期、同じく西洋世界との接触によってサツマイモや鉄器がもたらされ、それによってアシの生活様式が大きく変わったことがあります。また、同じくすでにお話ししたように、アシの島々が戦闘や防衛の拠点としての意味をもっていたこと（1日目を参照）もこれに関わっています。19世紀末から20世紀はじめのマライタ島は、激しい戦闘が繰り広げられる中、新しい島々が次々と建設され、人々が島から島へと移り住んでいたような、まさに激動の時代であったと言うことができます。

そして第二に、考えるべきは、そのような混乱の時代をアシ自身が現在どのように見ているか、言うなれば、先にイロンゴットについて説明したのと同じようなアシの歴史意識の問題です。イロイの語りを手がかりにした以上の検討から、アシにとっての植民地時代が、サラマカにとっての「はじめの時代」と同じような「謎としての歴史」としてあることがわかるでしょう。すなわち、現在の自分たちに関わるさまざまな重要な出来事がそこで起こっているが、同時にそれが激しい混乱の時代であるがゆえに、その詳細について語ることが困難な歴史、ということです。この時代がアシにとって、語ることが困難な「謎」となっていることには、いくつかの理由があります。まず、20世紀を通してキリスト教を受容したアシにおいて、キリスト教受容以前の祖先たちやその慣習について語ることは、一般にタブーとされる傾向にあります。次に、現在のマライタ島において、アシは、長期にわたり本島から島へ、そして島から島への移住を繰り返してきた人々とみなされています。そしてこのために、この人々は、自分たちの本来の居住地との結び付きを失い、それによって、祖先に関わる系譜や伝承などの知識を失った人々であるとみなされています。アシの人たちが、自分のことを「よそ者」と呼んでいることは、2日目の講義でもお話ししました。今日ではアシ自身がそうした歴史的知識の喪失を認めており、誰がフォウバイタ村の本当の土地所有者なのか「よくわからない」という人々の語りには、そうした状況がよく表れています。

まとめるなら、今日お話ししたように、イロイの語りが関わる植民地時代は、「オメア」をはじめとする極端な社会的混乱と流動化の時代でした。多くの島がこの時期に形成されていることもおそらくそのことと関わっており、また、フォウバイタ村の「土地所有者」が入れ替わっているのではないかという疑いも、まさしくそうした歴史的背景によって可能になっていたものでした。その結果として、現在のアシにおいては、どの人々がどの土地の本来の居住集団なのか、あるいは、ある島の人々がオメアに関わったことがあるのか否かといったことは、しばしば「よくわからなく」なっています。イロイの例において、本来ならば父系的近親者から語り継がれるべきとされる系譜や伝承は、オメアによる殺戮のために、それらの継承の可能性自体が半ば断絶してしまっています。そして、そのような歴史的知識の断絶や空白の感覚は、イロイだけでなく、現在のアシの間で一般的に抱かれています。たとえばフォウバイタ村の土地の先住集団は、フォウバイタ氏族であったかもしれないし、イロイの父系的親族であったかもしれないし、両者は入れ替わっているかもしれない。人々は、「よくわからない」がそうした変化や断絶がたしかにありえた、と考えています。このように、現在のアシにとって、自分たちの歴史は、植民地時代から今日に至る歴史的経緯の結果として、一面で根本的に「よくわからなく」なっているのであり、先のイロイは、自分たちの歴史について語ることができないというアシの状況を、極端なかたちで具現しているのです。

私の主観を述べることが許されるなら、このようなアシの人々の状況は、現在の自分自身にとって決定的ではあるけれども、それがあまりにショッキングであるがゆえに、それについて思い出したり語ったりすることができないという、トラウマを抱えた人に似ていると言えるでしょう。そして、そのようなトラウマを抱えているがために、現在のアシの人々は、3日目の講義でお話しした「調査」のような、本当の自分自身をめぐる探求をやめることがないのです。いかがでしょうか。「伝統的アイデンティティの根拠」としての歴史とは対極的な歴史との関わりがここにあることがわかっていただけたでしょうか。このように、歴史を扱う人類学が、私たちが抱いている常識的な歴史観を相対化するような、時に私たちをぎょっとさせるような歴史の謎めいたあらわれについて考えさせてくれる、ということをわかっていただけたらうれしいです。

6日目

現代の人類学はなぜ「人間以外の存在」に注目するのか？

無人となった島

マライタ島における「岩」

さて、この講義もいよいよ終盤に入ってきましたが、6日目の授業を始めましょう。今日のテーマは、「現代の人類学はなぜ「人間以外の存在」に注目するのか？」です。

再びマライタ島の事例から始めましょう。マライタ島でのフィールドワークの中で、私にとってとくに印象的だったもの、私の心をとらえて離さないものがあったとすれば、それは何だと思いますか？　私の心をとらえて離さなかったもの、それは、マライタ島の「文化」でも「歴史」でもなければ、「政治」や「経済」や「宗教」でもありません。端的に言うなら、それは、アシの人たちが住まう島を形作っている「岩」です。

これまでもお話ししてきた通り、アシの人たちは、死んだサンゴの骨格を海底から掘り出して打ち割り、それらを何千個、何万個と積み上げて島を造ります。この人たちは、生きたサンゴも死んだサンゴも同じように「岩」（フォウ）と呼びます。アシの人たちは文字通り岩の山の上に住まっているのであり、積み上げられた膨大な岩の、モノとしての存在感に、私はいつも圧倒されていました。とくに無人になった島の場合、誰も住んでおらず、訪れる人すらほとんどいない岩の山があり、その上に草木が茂り放題に生い茂るという状態になります。その無言の存在感は本当に圧倒的で、それらを見ていると、「ただただ積み上がる岩の山」といった言葉が頭をよぎります。人々がそれらの岩を使って儀式のような何かをしていたり、岩についての神話のようなものがあったりするなら、人々と岩の関わりについて、「文化」や「社会」といった言葉を使って論じることもできるでしょう。しかし、アシ地域で目にするのは、人々の営みがどうなろうと、そこに人が住もうと住むまいと無関係に、厳然として存在するような岩の山です。

それでは、伝統的な人類学の枠組みの中で、この岩の山について書きとめ、論じることはできるでしょうか？　私はそれは難しいだろうと思います。実際、マライタ島についての過去の民族誌を見てみると、アシの人たちの宗教や神話については延々と分析されていますが、この人たちがその上に住まっている岩の山という存在はまったく無視されています。その意味で、一見何の動きもなければ意味もないように見える岩というのは、従来の「文化」や「社会」、あるいは「歴史」の概念からこぼれ落ちるものだと言えるでしょう。そのような「ただの岩」は、それについて人類学的に論じることが難しいような対象、その単なる物質的存在によって私たちを圧倒するような対象であると言えます。

ところが、今日お話ししたいのは、主に21世紀に入ってからの人類学において、この岩の山のような「モノ」、あるいは「人間以外のさまざまな存在」についても論じることができるような、新しいアプローチがいくつか登場してきたということです。そのような動きにはいくつかの背景がありますが、中でも、明日の講義でも取り上げるようなグローバルな気候変動がはっきりと認識されるようになったことが重要だと思います。人間活動が地球環境を激しく攪乱し、人間自身の生存が時に脅かされつつある今日、もはやこれまでの人類学のように、人間を「文化」や「社会」をつくる特権的な主体として描くことはできないのではないか。ならば、岩のようなモノであれ動植物であれ、「人間以外のさまざまな存在」と人間の関係を根本的に問い直すことが今求められているのではないか、というわけです。では、最近になって登場してきた、「人間以外の存在」に対する新しい人類学的アプローチとは、具体的にはどのようなものなのでしょうか。現代の人類学は、そこでどのような領域を新たに開拓しつつあるのでしょうか。今日の講義では、まさしくそのような知的冒険についてお話ししたいと思います。

「非‐人間」の人類学

今、「人間以外の存在」に着目する新しい人類学と言いました。それとの関連で、2000年代頃からの人類学で広く使われるようになったキーワードに、「非‐人間」(ノンヒューマン、人間ならざるもの)というものがあります。「非人間的」というとふつう、冷酷で残虐非道という意味になりますが、そのような意味ではありませんよ。ここで言う「非‐人間」あるいは人間ならざるものには、動植物をはじめとする人間以外の生物、あるいは先ほどの岩のような生命をもたないモノ、さらにはしばしば目に見えない精霊や神々、ロボットやＡＩといったいろいろな存在が含まれます。

近年の人類学の問題意識の一つに、「人間」だけを見ていたのでは「人間」を理解することはできないのではないか、というものがあります。たとえば、後ほど紹介するアナ・ツィン（チン）という人類学者は、人間と他の生物、たとえばキノコのような菌類の関係に着目するエスノグラフィーを実践する中で、「人間の本性《ヒューマン・ネイチャー》とは、種間の関係性である」[1]と書いています。すなわち、「人間とはいかなる存在だろうか」と問いかける際、私たちは多くの場合、「人間」だけを取り出して、その「本性」について考えようとします。そうして、「人間とはコミュニケーションを行う存在である」、「人間とは社会をつくる存在である」、「人間とは文化をもつ存在である」など、要するに、「人間が、他の生物たちとは違って、どれだけ特別な存在であるか」を論じようとします。しかしツィンは、そのような「人間例外論」とでも呼ぶべき発想を疑問視します。まったく逆に、彼女は、人間はあくまで他のさまざまな生物・無生物との関わりの中で生きているのであり、「人間とは何か」はあくまで、人間とその他の「人間以外の存在たち」の関わり合いの中でしか考えることができない、と言うわけです。ここで、「人間は特別な存在である」と想定し、その「特別さ」を探究することの上に成り立っていたこれまでの人類学の発想がひっくり返されていることに注目してください。２０００年代頃からの人類学で起こってきたのは、人間以外の存在に着目することによってそうした人間例外論を乗り越えようとするような動きです。今日の講義では、まさしくそのような現在進行形の動きについてお話ししたいと思います。

なお、マライタ島で調査を始めた頃、私が現代の人類学についてほとんど知識をもっていなかったことについては、これまでもたびたびお話ししてきました。マライタ島のアシ地域における「岩」という存在は、生命をもつものともたないものの間に位置する独特な「非‐人間」だと言えます。そのような「岩」に着目する私の研究は、今お話ししたような現代人類学の動きとまさしく交わり合うものです（7日目を参照）。しかし、マライタ島でフィールドワークを始めた頃は、まさかそんな交わり合いが生じるとは思いもしませんでした。

今日の講義では、「人間以外の存在」に着目する現代の人類学を、便宜的に、（1）生物ではないモノと人間の関係に着目する人類学、（2）人間以外の動植物や菌類、微生物と人間の関係に着目する人類学、という2つに分けて紹介したいと思います。先ほども触れたように、多くの場合目に見えない精霊のような存在も「人間以外の存在」に含めることができますが、時間の制約上ここでは省略します。また、科学技術社会論（STS）の分野でブリュノ（ブルーノ）・ラトゥールらが主導してきたアクターネットワーク理論（ANT）も、非‐人間に注目する現代の人類学に大きな影響力を与えてきたものとして重要です。ANTについてはこの講義では立ち入りませんが、いい教科書が出ていますので、興味のある人はそちらを参照してください。[2] なお、ラトゥールについては明日の講義でも取り上げます。

モノの人類学

というわけで、第一に、「生物ではないモノと人間の関係に着目する人類学」についてお話ししましょう。このテーマについては、だいたい１９９０年代から大きな展開があり、結果として、「モノに着目する人類学」は２０００年代以降一大分野になりました。それ以前の人類学にも、仮面や服飾品、台所道具などの日用品といったモノに注目する「物質文化研究」という分野があり、そうした研究は、主に人類学的な博物館の収集・展示活動との関係で行われていました。この授業でも、大阪の国立民族学博物館に何度か言及してきましたね。しかし、物質文化研究は、20世紀の人類学においてはどちらかと言えばマイナーな分野であり、伝統的な人類学において、仮面や日用品といったモノは相対的に軽視されてきたと言えます。ではみなさん、20世紀の人類学でモノの研究があまり重視されていなかったのはなぜだと思いますか？

——えーと、たとえば仮面があるとして、多くの人類学者は一つひとつの仮面自体を収集したり分析したりしたいわけではないですよね。人類学者は、たとえばその仮面がどういう儀式とか宗教の中で使われているか、そういう背景情報の方に関心があるわけで……その意味でも、モノそれ自体は人類学の関心の対象ではなかったんだと思います。

なるほど！　まさにその通りだと思います。今言ってくれたことを、私の言葉で説明し直してみましょう。2日目の講義で、これまでの人類学における「全体論」という姿勢についてお話ししましたね。そこでお話しした通り、マリノフスキ以来の人類学においては、調査地の「文化」や「社会」と呼ばれる目に見えない関係性を全体的に把握することが目標とされていたと言えます。他方で、そのような目標の下では、調査地で収集される仮面や日用品といったモノは、それ自体では何の意味もなく、あくまで文化的・社会的な文脈の中に置かれてはじめて意味をもつとされます。まさしく今言ってくれた通りですね。たとえば、昨日の授業の冒頭では、国立民族学博物館に展示してあるニューギニアの仮面の写真をお見せしました。ニューギニアのある地域で、それらの仮面を用いた成人儀礼が行われているとします。20世紀の人類学において、研究すべきことは、この儀礼の背後にある、目に見えない宗教的体系であり、個別の仮面はあくまでその体系の中でのみ意味をもつとされます。仮面は「単なるモノ」であり、それ自体を研究しても意味はない、というわけです。そのように、「文化」や「社会」と呼ばれる文脈が主であり、個別のモノは従にすぎない、というのがこれまでの人類学の考え方だったと言えるでしょう。ましてや、台所用品のような、一見大きな「文化的意味」をもたないように見えるモノが、人類学的研究の中心に置かれることは、これまではほとんど考えられなかったと言えます。マライタ島の島々を構成する「岩」が、かつての民族誌でまったく言及されていないことについては先ほども触れましたが、これについても同じ理由を指摘できるでしょう。神話や宗教、社会組織ならともかく、単なる岩の山にどんな「文化的」あるいは「社会的」意味があるのか、というわけです。

さらに別の言い方をするなら、これまでの人類学におけるモノの研究は、あくまで人間を主人あるいは主役として行われていた、と言うことができます。「人間は、文化や社会の枠組みに従ってモノに意味を付与する」、あるいは、「主体としての人間が、客体としてのモノを利用する」というわけです。なお、近代的な考え方において、自らの自由な意思に従って行為し、客体を操作したり客体に意味を与えたりすることができるのは人間だけだ、とされていました。そうだとすれば、これまでの人類学的な考え方で、人間とモノの関係において人間が主人であったのは当然ですね。

さて、1990年代頃からの人類学で問い直されるようになったのは、まさしくそのような人間観です。この時期以降の議論でキーワードになったのが、「モノのエージェンシー」という言葉です。「エージェンシー」(行為主体性)というのは、ちょっと難しげな言葉で、聞き慣れないかもしれません。モノが、人間やその他のモノとの関係において、一個の行為主体であるかのように働き、周囲に影響を及ぼす。そうした「働く」作用あるいは力のことを「エージェンシー」と呼びます。従来の近代的な考え方ではもちろん、エージェンシーをもち、意図をもって行為するのは人間だけだとされてきました。それに対し、この時期以降、モノと人が、一方的にではなく双方向的に関わり合い、相互に働きかけ合う様子に着目する人類学が登場することになります。[3] ここでは、人類学における人間観それ自体の根本的な転換が遂げられていたと言えるでしょう。今からそのような研究をご紹介したいと思います。

ジェル『芸術とエージェンシー』

まず、1990年代以降の「モノのエージェンシー」論の一つの起点となった、アルフレッド・ジェルの『芸術とエージェンシー』(1998年)という本を紹介したいと思います。[4] この本は、ジェルが病気で急逝する前に書き残した遺作です。そのため未完成なのですが、ユーモアも交えつつ、人間とモノの関係を分析するためのさまざまなアイデアが連発される独創的な著作です。この本の中でジェルは、人間と人間ではないモノたちがぐちゃぐちゃに混じり合って相互に作用し合う独特な世界を描き出しており、読んでいると自分がその不思議な世界の中に入り込んでいくような気分になります。多くの人に読んでもらえるよう、遠からず翻訳が出版されることを願いましょう。

この本でのジェルの第一のねらいは、芸術作品についてのこれまでにはない人類学理論を構築することです。西洋世界における、芸術作品についてのこれまでのアプローチは、「その作品にどのような意味があるか」、あるいは「それを美学的にどう評価できるか」という視点に限定されていたとジェルは言います。それに対し彼は、そうした西洋近代の芸術観にとらわれていては、強い意味で人類学的と言えるアプローチはできないと言います。彼の理解では、人類学とは社会関係を主題とする学問にほかなりません。そのことを踏まえ、ジェルは、人間とモノが織り成す関係性の中で芸術作品がどのような働きをしているかに着目するアプローチを実践してみせます。そのような働きが、まさしく「芸術作品のエージェンシー」と呼ばれるわけです。さらに彼の議論は、表向きは芸術作品のエージェンシーを主題としつつ、人間と人間ならざるモノの多様な関係を考察する方向に拡散していきます。

『芸術とエージェンシー』におけるジェルの基本的な立場は、人間と人間の間だけではなく、人間とモノの間にも「社会的」と呼ぶべき関係が成り立ちうる、というものです。そのような関係性の中で、芸術作品を含むモノは、しばしば行為主体として人間と同等の役割を果たします。その意味で、西洋近代における常識に反して、社会関係の中でエージェンシーをもつのは人間だけではありません。ジェルは芸術作品を、エージェンシーを媒介し、しばしば自らエージェンシーを発揮するモノと定義していますが、これは芸術作品以外のモノについてもしばしば当てはまります。彼自身が挙げている例ですと、自動車が正常に動作している間は、人間が行為主体で自動車が行為の受け手・客体であると言えます。[5] ここには、人間とモノの間の、常識的に想定される関係があります。それに対し、深夜に人里離れたところで自動車が突然故障した場合はどうでしょうか？ そのような場合、車に対して腹を立ててしまう人は少なくないのではないでしょうか？ 私たちは通常、車に心はないと考えていますが、そのような場合には、車自体が私たちに対して何らかの悪意をもっていて、私たちがその悪意の受け手であるように感じるのではないでしょうか。つまりその場合、私たちは車がエージェンシーをもつことを推論していて、ふだんとは逆に、私たちの方がそのエージェンシーの受け手になっているわけです。このように考えると、芸術作品に限らず、人間以外のさまざまなモノが、人間や他のモノとの関係においてエージェンシーをもちうることがわかりますね。先にもお話しした通り、近代的な常識によれば、エージェンシーをもちうるのは人間という特別な存在だけであるとされますが、ジェルの議論では、人間とモノが混じり合った関係性の中で、人間以外のさまざまな存在がエージェンシーを発揮しうるわけです。

ジェル自身が挙げている、より人類学らしい例を見てみましょう。1日目や2日目の講義で言及したように、20世紀のはじめ、マリノフスキは南太平洋の一角で行われるクラという航海・交易について研究しました。クラの航海では、カヌーの舳先に、渦巻のような模様がコントラストの強い色彩で描かれた特別な飾り板が付けられます。現地の人々によれば、この飾り板は、見る人、つまりは交易の相手の心をとらえることで、クラの財宝を手放してしまうように仕向ける効果があるとされます。ジェルはここに、西洋における芸術的傑作がもっているような、「いったいどうやって描いたんだろう？」と思わせ、見る人の心を奪う効果と似たものを見出しています。[6] クラの飾り板は、迷路のようなぐるぐる模様によって、見る人に、自分が理解し尽くすことができないような呪術的力がそこで働いている、と感じさせます。そのように見る人の心をとらえてしまうことこそが、この飾り板というモノのエージェンシーであるというわけです。

ジェルの議論のおもしろい点は、読者が生きている現代の西洋社会におけるモノ、たとえば芸術作品や自動車、選挙ポスターなどと、人類学の伝統的な研究対象であった非西洋世界におけるモノ、たとえば呪術に用いる人形や魔よけの模様などを、完全に同列に分析してみせている点です。たとえばジェルは、『芸術とエージェンシー』の中で、日本におけるワラ人形のような「傀儡《かいらい》人形の呪術」について論じています。[7] このタイプの呪術は、モノあるいは誰かのイメージに危害を加えることによって、対象となる人物に害を与えようとするものです。彼は、呪術の犠牲者と呪術を行う人、そして人形の関係を、このような複雑な図（次ページ参照）で

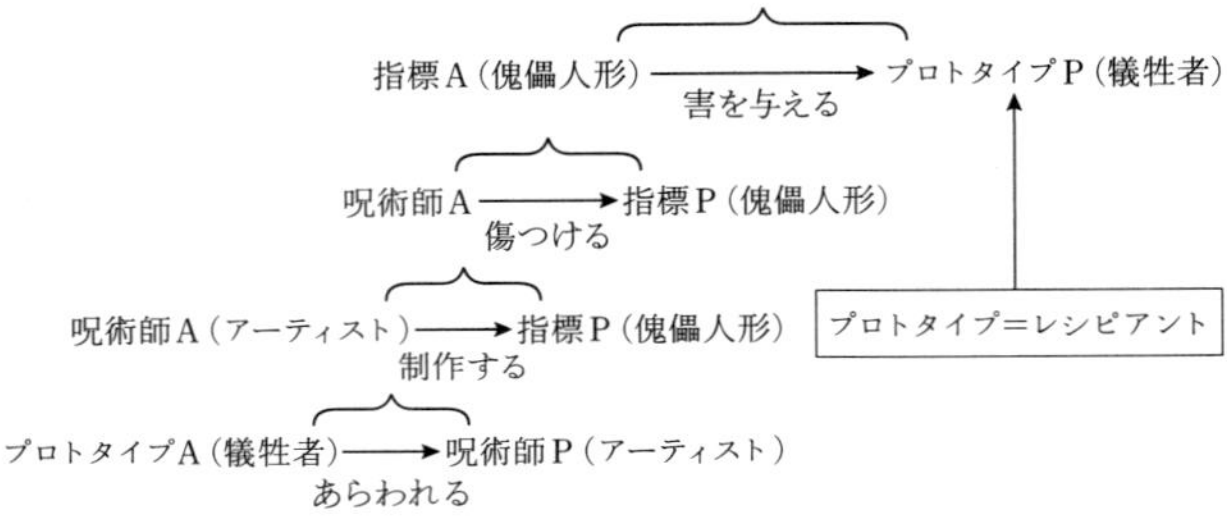

傀儡人形の呪術の図式

表しています。[8] AとPはそれぞれ、「エージェント」（行為主体）と「ペーシェント」（行為の受け手）を表します。ジェルが使っている「プロトタイプ」その他の専門用語については、説明がややこしくなってしまうので詳細は省きます。

　このような呪術は、私たちには縁のない、「未開社会」の慣習と言うべきでしょうか？　しかしたとえば、ある政治家の選挙ポスターを切り裂く人は、その政治家が嫌われているという印象を生み出すことを通して、ポスターのモデルとしての政治家本人に悪い影響を与えることができます。[9] これは傀儡人形の呪術とよく似た事態ですよね。仮にそのポスターを破った人などおらず、ポスターが単に暴風雨によって破れただけだったとしても、それを見る人は、「この政治家に対して悪意を抱いている人」のエージェンシーを推論することになります。したがって、政治家に悪い影響が及ぶことは変わりません。このように見てくると、「近代世界」に生きていると自認している私たちも、しばしば人とモノの呪術的な関わりの中に巻き込まれていることがわかります。つまりジェルによれば、私たちも同じように人間と人間以外のモノがぐちゃぐちゃに混じり合う現実を生き、しばしばモノがもつ呪術的なエージェンシーによってとらえられているのです。このように論じることによって、ジェルは、「人間／モノ」、「西洋／非西洋」、「近代／前近代」といった伝統的な切り分けの彼方にある現実を描き出してみせたと言えます。

バリ島の仮面舞踊

次に、モノという主題を扱った現代のエスノグラフィーを、もう少し具体的に見てみましょう。紹介したいのは、私の友人でもある吉田ゆか子が書いた、バリ島の仮面舞踊についてのエスノグラフィーです。[10] 吉田は、バリ島でさまざまな儀式に付随して行われる「トペン」と呼ばれる仮面舞踊について、踊り手たちに弟子入りしてフィールドワークを行いました。彼女は、今紹介したジェルに単純に従っているわけではないですが、ジェルの議論からも多大な影響を受けつつ議論を展開しています。

吉田は、バリの仮面舞踊における踊り手と仮面というモノの関係に着目して考察しているのですが、ポイントはこの関係が、人間だけにエージェンシーがあり、人間という主体が仮面というモノを操るという一方的な関係になっていない、ということです。むしろ彼女によれば、仮面舞踊とは、踊り手から見てどこまでが自己でどこからが他者なのか、仮面と踊り手のどちらが主体でどちらが客体なのか、どちらがどちらを操っているのかがつねに揺らぐような、ダイナミックなプロセスとしてあります。トペンの仮面には、大臣、老人、従者、王、道化などさまざまなキャラクターが含まれますが、これらは現地において一種の人格をもった存在として扱われています。そのことは、仮面への敬意として、持ち運ぶ際は頭上に置いて持ち運ぶことや、呪文によって霊的あるいは神的な存在を招き入れた後は、仮面を装着する際などに「失礼します」と声をかけなければいけないとされることに表れています。仮面は単なるモノではないわけですね。

吉田は仮面舞踊を、踊り手と仮面、伴奏を演奏する集団や観客など、さまざまな人とモノの相互作用が織り成す流動的な関係性として描き出そうとするのですが、この関係性には、モノとしての仮面がもつ特質が大きな影響を与えています。仮面は一般に、演者にとって「自分の顔でない」という他者性を帯びており、演者と仮面の間には、一方的な関係というよりはさまざまな相互行為が展開されます。そしてその結果として、吉田によれば、トペンの踊り手は、仮面を操りつつ、同時に自分の方が仮面に操られているという二面的な意識をもつことになります。

たとえば演者は、生命をもたない仮面を生き生きとさせることを目指します。具体的に言えば、首を大きく振ると仮面が真の顔でないことが目立ってしまうので、逆に首を小刻みに動かすことによって、面が生きているような効果を生み出すことがあります。他にも、仮面の額の汗をぬぐう、眼をこするなどの仕草によって、生きている顔と生命をもたない仮面の境界線を行き来するような効果を生み出すことがあります。演者と仮面のそうした関わり合いによって、モノである仮面が命を受け取るかのような場面が生み出され、そこに仮面舞踊の魅力があると吉田は言います。

また仮面は、その形状によって視界や呼吸、発声をしばしば制限するため、演技は踊り手と仮面の間の相互行為として成り立つことになります。先にも触れたように、トペンの仮面にはさまざまなキャラクターがあり、演者は自分が身につけている仮面のキャラクターに従って、あたかも自分自身が仮面に操られるかのように演技をしようとします。あるいは、仮面についているはずの左右のヒゲの片方がとれてしまっている時に、それを演技のネタにするというように、あえて仮面の物質性や虚構性を前景化させるような演技も行われます。結果的に、トペンには、演者が仮面を操ると同時に仮面によって操られている、という二面性が生まれます。演者の方が、仮面の操り手というよりも「操り人形」、あるいは仮面という「仮の面」に対する「仮の胴」であるような感覚が生まれるわけです。このように吉田は、人とモノのダイナミックで双方向的な関係性によって仮面舞踊が成り立っていることを、生き生きと描き出しています。

いかがでしょうか。ジェルと吉田の例から、現代の人類学が、人とモノの多様な関係性を新たな研究領域として開拓してきたこと、人とモノが混じり合って織り成す現実を描き出してきたことがおわかりいただけたでしょうか？

マルチスピーシーズ民族誌の登場

さて次に、今日の2つ目のテーマである、「人間とそれ以外の生物の関係性に着目する人類学」についてお話ししたいと思います。そのような人類学は、主に2010年代に大きな動きになったのですが、総称として「マルチスピーシーズ民族誌」と呼ばれます。「民族誌」はもちろん、この講義で言うエスノグラフィーのことです。「スピーシーズ」という英単語はみなさん知っていると思いますが、生物の「種」のことですね。マルチスピーシーズ民族誌というのは、文字通り、人間を含む複数の生物の種の関係性に注目する人類学的なアプローチです。その根底には、人間は、それだけで成り立っているのではなく、さまざまな動植物や微生物などとの関係性の中ではじめて人間たりえているのだという発想があります。先ほど紹介した、ツィンの、「人間の本性とは、種間の関係性である」という言葉には、そのような発想が端的に表現されています。人類学が、文字通り「人間」を対象とし、「人間」を中心とする学問であったことを考えると、その「人間」を特権的な中心とはみなさないというマルチスピーシーズ民族誌は、これまでとは大きく違った考え方を提唱していると言えるでしょう。[11] なお、生物でない精霊、機械なども「マルチスピーシーズ民族誌」に含める場合もあるようですが、この授業ではそこまでは範囲を拡大しないことにします。

先ほどもお話しした通り、伝統的な人類学において、関心の中心はあくまで、他の生物とは違った特別な存在としての「人間」にありました。「文化」や「社会」は人間だけがつくるものとされ、そのような、人間の特別な能力の産物としての「文化」や「社会」が人類学の研究対象とされてきたわけです。先ほど、これまでの人類学においてモノがあくまで周縁的な位置付けしか受けていなかったとお話ししましたが、同じことは人間以外の動植物についても言えるでしょう。多くの人類学者はこれまで、動植物を、人間が食物や薬として利用する対象という実用性の観点から位置付けていました。動植物はそれ以上のものとはみなされていなかったわけです。あるいは、人間が身の回りの動植物を詳細に観察し、名付けたり分類したり、あるいは宗教や神話に関わる特別な意味付けを与えたりするという、知的な関わり方に着目した人類学者もいました。いずれの場合でも、動植物に働きかける主体はあくまで人間で、動植物はそうした働きかけを受ける客体として位置付けられていたわけです。これに対しマルチスピーシーズ民族誌は、動植物は人間が「ともに生きる」相手なのであり、それはしばしば人間と相互に働きかけ合う主体なのだと主張しました。[12] 先ほどの「モノの人類学」と同様、ここでは、従来の人類学とは大きく異なる発想が提起されていたと言えます。

マルチスピーシーズ民族誌がはっきりとしたムーブメントとして姿を現したのは、この動きについてのマニフェスト的な文章が英語の学術誌に発表された２０１０年頃のことと言えます。[13] その後、英語圏はもとより、日本でもマルチスピーシーズ民族誌に関わる多数の著作や論文が発表され、２０１０年代以降の人類学における大きな流れの一つとなります。ではなぜ、この時期の人類学でこのような動きが盛り上がったのでしょうか？　ここにはいくつもの背景が関わっています。哲学的に見ると、人間を他の動物と対比される特別な存在とみなす近代的な考え方から脱却しようという動きは、現代の哲学などにおける一つの大きな流れになっています。[14] 先ほど紹介した「モノの人類学」もそのような動きと軌を一にしていますし、マルチスピーシーズ民族誌も、そのような同時代的な動きと重なり合っていると言えます。また、先ほどもお話ししたように、明日の講義でも取り上げるグローバルな気候変動への問題意識もここに関わっています。温室効果ガスの排出をはじめとする人間活動によって、人間が地球に居住する可能性それ自体が脅かされているとも言われる現在、私たちはもはや人間を、周囲の自然環境を自由に利用する主人とみなすことはできないでしょう。もし、地球における人間の生態学的な地位それ自体がそのように脅かされているなら、私たちは、人間とそれ以外の生物たちがいかにしてともに生きながらえることができる、あるいはできないのかを、あらためて考える必要があるでしょう。マルチスピーシーズ民族誌は、一面でそのような問題提起として登場したといえます。

加えて、人類学に固有の文脈により即して言うなら、マルチスピーシーズ民族誌は、4日目の講義で紹介した『文化を書く』の論争をも汲んでいると言うことができます。そこでお話ししたように、個別の「異文化」についてのエスノグラフィーという伝統的なスタイルが危機に直面しているなら、今求められているのはどのようなエスノグラフィーの様式なのでしょうか。また、グローバルな気候変動の時代において、「自然／文化」の関係がこれまでとは異なるものになりつつあるなら、そこで求められるのはどのようなエスノグラフィーなのでしょうか（7日目を参照）。マルチスピーシーズ民族誌は、これから紹介するように、単に「文化を書く」のではなく、「自然的かつ文化的な関係性の広がりを書く」という、新しいエスノグラフィーのプロジェクトであると言えますが、その背景には、『文化を書く』からの現代的展開としてのそのような問題意識があります。

幸い、マルチスピーシーズ民族誌に関連する文献は日本語でも多数出版されており、みなさんも手軽に読むことができます。[15] マルチスピーシーズ民族誌で扱われる人間とその他の生物の関係はきわめて多様であり、そうした多様性自体がこの分野の魅力になっています。日本語で

紹介されているものといないものをごちゃ混ぜにして、いくつか例を挙げるなら、

- バリ島の寺院で供物を食べるサルと現地住民、観光客の関係
- 北米のチーズ産業における人間、乳牛と微生物の関係
- 感染症などの影響下で変容するカキ養殖の現場
- 日本の関西地方でウルシの樹液を採取する職人たちとウルシの関係
- 外来のプランテーション作物であるアブラヤシと、インドネシア国家の中で周縁化された西パプアの人々の関係

といった研究があります。興味をもった人はぜひ自分で文献を手に取ってもらうとして、ここでは、マルチスピーシーズ民族誌に関連する2つの代表的な成果を紹介したいと思います。第一は、シベリアの狩猟民における人間と獲物の関係を人類学的かつ哲学的に分析したレーン・ウィラースレフの『ソウル・ハンターズ』、第二は、野生のキノコという意表を突いた対象に着目して、気候変動や環境破壊によってボロボロになった世界でいかにともに生きていくかというテーマを論じたアナ・ツィン（チン）の『マツタケ』です。

シベリアの猟師と動物たち

デンマーク人の研究者ウィラースレフは、シベリアの狩猟民ユカギールの下でフィールドワークを行い、2007年、この人々における人間と動物の関係についてのエスノグラフィー、『ソウル・ハンターズ』を出版しました。[16] この本の出版は、先ほどお話ししたマルチスピーシーズ民族誌のマニフェストが発表される前ですが、日本ではこの本はマルチスピーシーズ民族誌の流れの中で翻訳・紹介されています。ユカギールの人々は、主としてヘラジカ（エルク）を狩って肉を食用にしているほか、クロテンを狩ってその毛皮を換金するなどして生活しています。なお、現在のユカギールは主として自給的な生活を送っているのですが、おもしろいことに、それは「伝統的」な生活様式では決してなく、20世紀の社会主義的経済体制が崩壊した結果として現れたものと指摘されています。一見「伝統的」なものが実は歴史的な産物であるというこの指摘は、歴史人類学的に興味深いですね（5日目を参照）。

さてウィラースレフは、ユカギールの下で自ら狩猟に参加して、実際の狩猟やそれにともなう呪術などを観察・体験しました。それを通して彼は、この狩猟民における人間と動物の関係性や、それを土台とするアニミズム的な考え方について考察しました。「アニミズム」という言葉は、みなさんたぶん聞いたことがありますよね？　「アニミズム」とは何か説明できるでしょうか？

——えっと、自然を崇拝する考え方のことではないでしょうか。たとえば神社のご神木を敬うというように。

なるほどね、かなり的を射ていると思いますよ。「アニミズム」の語源になっている「アニマ」というのは、英語の「アニマル」や「アニメーション」の語源と同じですが、ラテン語で「生命」や「魂」の意味です。ある存在が生命を帯びていて自ら動き回る場合、それは「アニマル」であり、静止していたイラストに生命を吹き込んでそれを動き出させる場合、それは「アニメーション」と呼ばれます。「アニミズム」というのは、動物をはじめ、人間以外の存在も心や魂をもつという考え方のことです。今、「ご神木」の例を挙げてくれましたが、アニミズム的な考え方は日本に住む私たちにとってもそれなりに身近なものだと思います。

さて、ウィラースレフはユカギールのアニミズムや人間‐動物関係に、「模倣」をキーワードにしてアプローチしていきます。『ソウル・ハンターズ』第1章の冒頭には、この本全体の議論が凝縮されたような魅力的な描写があります。少し長いですが引用しましょう。

スピリドン爺さんが身体を前後に揺らすのを見て、今、目にしているのが男の姿なのか、エルクのなのか、私は困惑した。毛を外向きにするようにして着ているエルク革の外套、特徴的な突き出た耳のついた頭飾り、エルクが雪の中を動く音に似せるためにエルクの脚の滑らかな毛皮で覆ったスキー板が、彼をエルクにしていた。しかし、両手に握られた装塡済みのライフル銃とあわせて、帽子の下から出た、人間の目、鼻、口を備えた顔の下半分が、彼を人間の男にしていた。だから、スピリドンは人間であることをやめてしまったわけではない。むしろ、彼は境界領域《リミナル》的な性質を有していた。彼はエルクではなかったが、エルク「ではない」というわけでもなかった。彼は、人間と非人間のアイデンティティの間にある奇妙な場を占めていたのだ。

一匹の雌エルクが仔を連れて柳の茂みから現れた。当初、その二匹は立ち止まっていた。母親は当惑した様子で巨大な頭を上げたり、下げたりして、目の前の難問を解けずにいた。しかしスピリドンが近づくと、彼女は彼の模倣的パフォーマンスに囚われ、疑心を一旦棚上げして、彼に向ってまっすぐに歩き出した。その後ろから、仔が速足で続いた。そのとき、スピリドンは銃をもちあげ、二匹を撃ち殺した。後に、彼はその出来事を以下のように説明した。「私は二人の人間《パーソンズ》が踊りながら近づいて来るのを見た。母親は美しく若い女で、謳いながらこう言ったんだ。『誉れある友よ、いらっしゃい。あなたの手を取り、私たちの住まいにご案内しましょう』。そのとき、私は二人を殺したんだ。もし彼女と一緒に行ってしまっていたら、私の方が死んでいただろう。彼女が私を殺していただろう」[17]

いかがでしょうか。ユカギールの狩猟の現場における猟師と獲物の複雑でダイナミックな関係性がありありと描かれていると思います。ウィラースレフ自身がこの現場に立ち会っていたのですが、まず、猟師であるスピリドン爺さんは、ヘラジカの身体を模倣するかのような毛皮をまとい、半ばヘラジカになっていたと描かれています。他方で同時に、彼はヘラジカを狩ろうとしている人間の猟師であることを完全にやめてはおらず、動物と人間の間であくまで「境界領域的」な姿をしていました。そしてまた、この一節では、狩猟が人間が動物を見つけて殺すという単に一方的な活動ではないことも示されています。猟師は獲物の動物を模倣することによってそれをおびき寄せ、その上で殺害します。しかし同時に、スピリドン爺さんの言葉にあるように、猟師の方も獲物、しかも単なる動物というよりは、猟師に語りかけてくる人間でもあるような両義的な存在としての獲物によって誘惑されています。ユカギールの狩猟は、人間と動物の間のそのように多義的で、猟師にとっての危険をともなう駆け引きの関係性の中で行われる、というわけです。

スピリドン爺さんの語りからもわかるように、ユカギールにとって、ヘラジカをはじめとする動物たちは、人間と同じく心をもった人格である、とウィラースレフは指摘します。まさしくアニミズムの思考ですね。そうである以上、狩猟のような人間と動物の関係は、主体としての人間と客体としての動物の一方的な関係というよりは、先ほどの引用で描かれているような、人格あるいは主体同士の双方向的な関係として行われます。そしてウィラースレフによれば、この双方向的な関係においてカギとなるのが、スピリドン爺さんがヘラジカとの関係で行っていたような模倣の技法です。ウィラースレフによれば、模倣とは、他者を部分的に真似ることによってその他者に働きかける技法です。彼が実際に挙げている例として、たとえばユカギールの人々が罠をかける際、人々は、動物の視点に立って、どのような罠であればかかりやすいかを考える必要があります。これは考えてみれば、ユカギールではなく私たちが罠をかける場合でも同様で、私たちにも想像しやすいですよね。そのように、狩猟において猟師は、獲物を部分的に模倣している、言い換えれば、自ら部分的に獲物になっているわけです。

もう少しユカギールの事例に即して見てみましょう。ユカギールの猟師たちは、狩りを行う際、自分が人間の姿のままだと、獲物は逃げてしまうと言います。これも想像するのは難しくないですね。その上でユカギールは、獲物が自分に近づくことができるように、自分も獲物のようにならなければならないと言います。具体的には、先ほどの引用にあったように、ユカギールの猟師たちは、ヘラジカの足音を模倣するため、ヘラジカの毛皮で覆われたスキー板を履いて猟を行います。また、身体を揺らすなどの動作も獲物の動物を模倣するものです。ユカギールによれば、そのように半ばヘラジカの身体になってはじめて狩猟は成功するのです。また、ユカギールの猟師たちは、狩猟はそのような模倣を通して獲物である動物を性的に誘惑するプロセスであると言います。そのような誘惑によって、獲物は自分から猟師の方にやって来るというのです。しかしこの誘惑には、獲物が若く美しい女に見えたという先ほどの引用にもあった通り、誘惑している猟師の側が、気付いてみれば獲物によって誘惑されているという双方向性と危険がともなっています。そうである以上、猟師は、自分が完全に動物になってしまわないように、そして自分が獲物と本当に恋に落ちてしまわないように注意しつつ、獲物を誘惑しなければいけないのです。

ウィラースレフによると、ユカギールの狩猟の本質は、まさしくこのように、相手に完全に同一化することなく、部分的に差異を保ちつつ相手を真似るという「どっちつかず」の実践にあります。逆に、先の引用でスピリドン爺さんが言っていたように、仮に動物の世界に完全に入り込んでしまうならば、猟師はもはや人間ではなくなってしまいます。それは具体的には、死んでしまうかおかしくなってしまうことを意味します。猟師はあくまで「どっちつかず」の状態でなければならないのです。

このようなユカギールの世界を、ウィラースレフは、「人間は動物になり、動物は人間になる」[18]というダイナミックで双方向的な変化の世界として描き出しています。そこで目指されているのは、人間と動物が半ば一体化しつつ、両者の差異もつねに維持されコントロールされているような関係性です。そしてウィラースレフは、このような人間‐動物関係を前提として、人類学におけるアニミズム概念を再考するという課題に取り組んでいます。これまでの人類学は、明日の講義でお話しするような「自然／文化」、「科学的事実／文化的信念」といった近代的な切り分けに基づき、「動物は心をもたない」、「アニミズムを信じている人たちは、動物に心があると思い込んでいるだけだ」、「アニミズムとはそのような文化的信念である」といった理解をしていました。しかし、ウィラースレフが自身のフィールドワーク体験に基づき考えるところでは、アニミズムは単なる「文化的信念」ではありません。それは、以上で論じてきたユカギールの狩猟のような、人間と動物の具体的で実際的な関わりの中で、動物も人格を帯びているということがリアリティをもって立ち現れるような、そのような体験の産物なのです。このように論じることで、ウィラースレフは、「人間／動物」、「主体／客体」、「自己／他者」といった切り分けを超えたマルチスピーシーズ的な世界を描いてみせたわけです。

キノコとともに生き延びること

次に、マルチスピーシーズ民族誌の2つ目の代表的な例として、ツィンの『マツタケ』を紹介したいと思います。[19] この本は2015年に出版されていますが、その意義は単に、マツタケという意表を突いた対象に着目することで、人間と他の生物の関わりをマルチスピーシーズ的に描き出してみせたということにとどまりません。それ以上にこの本は、グローバルな気候変動や環境破壊によってボロボロになった世界の中で、人間とその他の生物たちがいかに生き延びていくか、という現代的なテーマやメッセージを明確に提示しました。その点でも、同書は現代を代表するエスノグラフィーであるということができます。幸い翻訳もあるので、ぜひご自分で手に取って読んでみてください。

ツィンはこの本を、非常に印象的な場面の描写から始めています。彼女は、知人の情報提供に従って、かつては木材の切り出しが行われていたけれども、現在では米国の林業の行き詰まりとともに放棄され、荒れ果てたオレゴンの森林を訪ねます。そしてそこで、東南アジアからの難民たちが、森の中に難民キャンプのようなコミュニティを形成し、放棄されたマツ林に自生するマツタケを採集して生計を立てている姿を見出します。東南アジア難民たちは、マツタケを時に違法に採集しつつ、それを仲買人に売ることで生活しています。このマツタケは主として日本に輸出され、高級な贈答品になると言います。日本で自分たちが見かけるマツタケが、そのような場所でそのような人々によって採集されているだなんて、いったいみなさん想像したことがあるでしょうか？

この本においてツィンは、マツタケを、「自然」の面でも「社会」の面でもボロボロになった現代の世界でいかに生きていくかを考える上での手がかりとして位置付けています。「自然」の面でボロボロというのは、明日の講義でも扱うような、時に「人新世《じんしんせい》」とも呼ばれるグローバルな気候変動や環境破壊の状況を指しています。他方で、「社会」の面でもボロボロというのは、20世紀には信じられていたような資本主義的な「進歩」の物語、ちょうど初日の講義でお話しした大阪万博で掲げられていたような理念が破綻し、不安定な雇用が一般化している現代の社会的・経済的な状況を指しています。それでは、そのようにいくつもの意味でボロボロになった世界で、私たちはどのように生きていけばいいのでしょうか？　この問いに対しツィンは、人間が自分の力だけで生きていくのでもなければ、他の生物たちと競争し、それらを出し抜いて生き残っていくのでもない、人間と他の生物種の間の「協働的な生存」（コラボラティヴ・サヴァイヴァル）というあり方を提示します。そして、グローバルな政治や経済の中で周縁化されたオレゴンの難民たちが、不安定に、しかし何とか巧みに生き抜いている姿に見られるように、ツィンのエスノグラフィーにおいては他ならぬマツタケこそがそのような「協働的な生存」のあり方を体現し象徴しているのです。

先ほども言いましたが、マツタケが人類学的な研究の対象になるというのは、それだけでも不思議で意表を突いた事実ですよね。この本をはじめて手に取ったとき、私もそのように思いました。マツタケは、日本に住む多くの人が知っているキノコで、マツ林に自生します。それでは、現代世界におけるマルチスピーシーズ的な関係性あるいは生存について探究する上で、ツィンはなぜこのキノコに注目したのでしょうか？　ここには主に2つの理由があります。第一は、マツタケがすぐれてマルチスピーシーズ的な関係性を具現する生物であるという事情です。ツィンがこのエスノグラフィーで描き出してみせるように、マツタケは、キノコを形成する菌の他、菌の宿主であるマツ、さらにはマツ林に生息するさまざまな動植物、マツタケの生育に適した環境をしばしば創出し、その後キノコを収穫する人間など、さまざまな生物種の相互作用の中で生育しています。だからこそ、マツタケというキノコに注目することで、これら多様な種が互いに関わり合いつつ生き延びている姿を記述することができる、というのがツィンの目論見です。

ここで重要なのは、マツタケが人為的に栽培されるものではなく、宿主をはじめとする他の生物たちとの関係の中であくまで偶然的に自生するものだということです。『マツタケ』の中でツィンは、マツタケを、植物が画一的に栽培される近代的なプランテーションと対比しています。彼女によれば、プランテーションは画一的な管理可能性と進歩という近代資本主義の夢を象徴するもので、彼女はまさしく、そうした夢が破綻したところにマツタケ林を見出しています。オレゴンの難民たちが実践しているように、そうした偶発的でマルチスピーシーズ的な関係性に気付き、それを活かして生き抜いていく技能こそが、現代のボロボロになった世界において求められているのだ、というわけです。

第二に重要なことに、マツタケは多くの場合、高度に攪乱された、決して肥沃ではない土壌に育ちます。ツィンはここにも一種の象徴的な意味を見出しています。すなわち、「荒廃した地は、今やわれわれの菜園である」[20]という彼女の言葉に表現されるように、今日の人間は、安定した「豊かな」自然環境ではなく、むしろグローバルな環境破壊によって生み出された荒廃した環境の中に生きています（7日目を参照）。あるいは、そのような環境の中に生きなければならない、と言えるでしょう。その意味で、しばしば荒廃した森林環境の中に育つマツタケは、現代世界におけるマルチスピーシーズ的な生存のあり方を象徴する意義をもつわけです。たとえばツィンはこのように書いています。

荒れ果てた景観の中に生まれ出ようとするマツタケを手がかりにして、われわれは、われわれの集合的な住みかとなった廃墟を探検することができる。……マツタケの跡をたどることで、われわれは、環境の攪乱の中での共存の可能性へと導かれる。……マツタケは一つの協働的な生存のあり方を示してくれるのである。[21]

そのような認識に基づき、ツィンは、北米、日本や中国など、世界各地における人々とマツタケの関わり合いを多地点的なエスノグラフィー（2日目を参照）として描き出し、そうすることで、環境危機の中の荒廃した景観の中で人間とそれ以外の存在がともに生き延びるための方法を探っています。そのようなエピソードをつなぎ合わせることで、ツィンは、グローバルな環境破壊の中で、人間とその他の生物種がともに生きながらえるマルチスピーシーズ的な風景あるいは希望を描き出そうとするのです。そのように、『マツタケ』は強いメッセージ性を帯びたエスノグラフィーであると言えるでしょうし、そのようなメッセージを読者に伝えることにかなり成功していると言ってよいように思います。みなさんもぜひこの本を読んで感想を教えてほしいと思います。

マライタ島で「岩」を書くこと[22]

というわけで、今日の講義では、「人間以外の存在」に注目する現代の人類学を、便宜的に「モノの人類学」とマルチスピーシーズ民族誌の2つに分けて紹介してきました。いかがでしょうか？　これらの現代的な動きについて聞いていてどう思いましたか？

――えっと、人類学は文字通り「人間」を研究する学問だと思っていたので、人間をワン・オブ・ゼムとして扱うアプローチというのは新鮮でした。『マツタケ』については、最初聞いた時は「キノコについての研究がなんで人類学になるんだ？」と思いましたが、説明を聞いて納得しました。

ありがとうございます。そちらのあなたはどう思いましたか？

――私も、とくにマルチスピーシーズ民族誌は人類学の新領域という感じで新鮮でした。ただ……ちょっと意地悪な見方をすると、動植物とかマッタケとか、人間以外の存在たちとともに生きていこうっていうのは、ちょっとお説教臭いなとも思います。マルチスピーシーズ民族誌のメッセージ性に納得しつつ、少し違和感も覚えました。意地悪すぎるでしょうか？

いやいや、意地悪すぎるどころか、おもしろいコメントだと思いますよ。実はその点は、私が今日の講義の最後に取り上げたい論点とも関わります。ではここで、今日のはじめに紹介した、マライタ島の「岩」の事例に立ち返ってみましょう。そこで触れたように、アシの人々は生きているサンゴも死んだサンゴも同じように「岩」と呼びます。では、生物と無生物の境界線に位置し、独特な存在感をもったアシ地域の「岩」について、人類学の現代的なアプローチを踏まえて論じることはできるでしょうか？　そもそも、これまでの人類学でほとんど取り上げられたことがない、人々と岩の関係に着目するエスノグラフィーは、現代的な「モノの人類学」のおもしろい事例になるでしょう。アシの島々は、いくつもの世代にわたって増築されたり修築されたりするという性格をもっています。昨日の講義でお話しした通り、島々は主に19世紀末以降に建設され始めたものなので、これまでに4世代前後の時間が経っていることになります。そのような時間の中でのアシと「岩」の関わりは、「モノの人類学」の立派な対象になるでしょう。また同じように、アシの人々と「岩」の関係について、マルチスピーシーズ民族誌として論じることもできるでしょう。アシの人々は広大なサンゴ礁に暮らし、サンゴ礁を漁場としたり、死んだサンゴを建材として利用したりして暮らしています。それを踏まえ、これまでの人類学でほとんど取り上げられたことがない、人間とサンゴの間のマルチスピーシーズ的な関係性について論じることができるでしょう。

ただ正直なところ、私自身は、アシにとっての「岩」の存在を、「モノの人類学」やマルチスピーシーズ民族誌の枠内で論じることには多少違和感も覚えています。このことは、先ほどの2人目の方の感想とも関わります。問題は、マライタ島の「岩の山」の特徴が、人間との関係性という観点から必ずしも論じられないという点にあります。今日の講義からわかったと思いますが、「人間以外の存在」に注目する主として2000年代以降の展開では、「関係性」がキーワードになっていました。具体的に言えば、人間とモノの密接で相互行為的な関係性や、人間と他の生物の、「模倣」や「協働」といった関係性に着目するという議論がそれに当たります。それに対して、マライタ島の「岩」の特徴は、それがしばしば人間との関わり合いから脱落しているように見えるということにあります。今日の講義の冒頭でも、アシにおける「岩」は、これまでの人類学が論じてきた「文化」、「社会」や「歴史」からこぼれ落ちるものだ、そうだからこそ、これまでのエスノグラフィーで論じられてこなかったのだ、と言いましたよね。

実際、アシにおいて「岩」は、人々がほとんど見ることも関わることもない、ある程度よりも深い海底で育っているとされます。そうして育ってきたものを人々が利用しているというわけです。たとえば、初日の講義で紹介した私の調査地、フォウバイタ村に住む30代の漁師は次のように語ってくれました。

島の周りの浅瀬には、今は生きた岩はほとんどない。島を造るために掘り尽くしてしまったからだ。〔これに対して〕深みの縁、水路の縁に行けば、生きた岩を見ることができる。それから、浅瀬には岩がなくなってしまっているが、地中には生きた岩がある。地中にある岩まで掘り尽くしてしまうことなどとうていできない。岩を掘り尽くしてしまったとしても、10年か12年くらいたてば、また岩が育っているのを見ることができる。（２０１４

年3月）

わかるでしょうか。「岩」は、アシの人々が見ることも利用することもない深い海の「地中」で、言うなれば人間の関わりとは無関係に育っている、というわけです。これを「モノのエージェンシー」や「マルチスピーシーズ的関係性」といった言葉を使って論じるのは、どこかズレているような気がするのですがいかがでしょうか？　また、私のホームステイ先の主人であったジャウおじさんは次のように語ってくれました。

タール〔海底の隆起、礁〕は海の上まで育ってくるので、人々が船などに乗っていると、ある日、「おや、こんな場所はこれまでなかったぞ」ということになる。そこに、木などが流れてきて引っかかる。この島は育ち続け、木などがそこに集まるので、島はどんどん大きくなる。……日本と中国がそれについて争っている二つの島があると、『ソロモン・スター』〔ソロモン諸島の代表的な日刊紙〕で読んだぞ。そのような島がまさしくワロ〔ここでは「タール」と同義〕であり、生きた岩なのだ。深い海にあって、育っているような島だ。岩の層が生きていて育ってくる。下の部分が生きているので、そのような岩はせり上がり続けるのだ。（2014年2月）

「日本と中国がそれについて争っている二つの島」というのは、おそらく尖閣諸島のことですよね。アシの男性が、尖閣諸島とマライタ島の島を比較しているなんて、おもしろいじゃないですか！　それはさておき、アシの人々はこのように深い海底や地中で「岩」が育っていると言うのですが、そのように、「岩」は人々の日常的な関わりとは無関係な場所で育っているとされます。その意味で「岩」は、現代の非‐人間の人類学が論じたようにアシの人々との関係性の中で生きているというよりは、一面においてその圏外で生きていて、その産物を人々が事後的に利用していると言えるのではないでしょうか。そして、あれもこれもつながり合っている、相互作用している、という関係論的なモデルでは、「自分たちが関わることのない海の底で岩が育っている」というアシの認識をとらえられないように思うのです。[23]また、今日の授業の冒頭でもお話ししたように、マライタ島において無人となった島は、その上に草木が生い茂る岩の山となっており、マライタ島の景観の特徴的な一部となっています。これらの島を人々が訪れたり話題にしたりすることはほとんどなく、その点でも、無人の岩の山は、アシの社会生活の領域から脱落した対象であると言えるように思います。なお、「人々は「岩」について語っているのだから、その限りで「岩」と人々は無関係ではない」という異論もあるかもしれませんが、私はそれにも必ずしも同意できません。[24]

そうであるとすれば、アシ地域における「岩」には、それらとアシの人々がどのように関わり合い、相互行為しているかという観点ではとらえられない面が少なくありません。その意味で、現代の「モノの人類学」やマルチスピーシーズ民族誌の成果を踏まえつつ、それらからはみ出るあり方にも着目することで、「人間以外の存在」を人類学的に考察し記述する新しい仕方が可能になるのではないでしょうか。明日の講義の内容とも関わりますが、私自身は、そのような方向性をこれから探究していきたいと考えています。

7日目

現代の人類学はなぜ「自然」を考えるべきなのか？

自身が住む島を見つめるアシの男性

「自然」を考える

それでは、7日目の講義を始めましょう。早いもので、この講義ももう最終日となりました。最終回でお話ししたいのは、現代の人類学における中心的なテーマの一つである「自然」についてです。[1] 今日じっくりお話しするように、私の理解では、これまで「自然」と呼ばれてきたものが現代においてどのように立ち現れているかについて考えることは、人類学や関連分野における重要な課題となっています。他方で、人類学の研究対象は「文化」あるいは「社会」である、というこれまでの考え方にとらわれすぎると、ともすれば、現代における「自然」というテーマについて考え損なってしまうでしょう。私自身は、これまでこの講義で取り上げてきたマライタ島のアシの事例に即して、現代世界において「自然」とは何かというテーマについてずっと考えてきました。

なお、最近の人類学の中には、「自然」という概念自体古いものにすぎないから、「自然」という言葉を使うのはやめるべきだ、という意見もあります。たとえば、とくに北米では、「自然」という言葉自体に、「手つかずの大自然を守らなければいけない！」というニュアンスがともなっているようです。なので、これまでの自然保護思想から距離をとりたい論者は「自然」という言葉を避けようとする場合があります。また、近代になって翻訳語として新たに生まれた「自然」という日本語と、欧米の言語における「自然《ネイチャー》」がどこまで同じか、という問題もあります。[2] そうした問題も踏まえつつ、私自身は、あえて「自然」という言葉を使い続けることに意味があると考えています。私の考えでは、「自然」という言葉には、「いわゆる『文化』や『社会』に還元できないもの」、「人間がつくったのではないが人間の営みを規定するもの」、「人間のコントロールをはみ出るもの」などの含意があり、これらの含意はいずれも現代人類学の重要なテーマに関わっています。その意味で、今お話ししたような言葉の問題も意識しつつ、「今、人類学が考えるべきもの」を「自然」と呼ぶことには意味がある、と私は考えています。

私の考えでは、マライタ島における「自然」について人類学的に考えるというのは、すぐれて現代的なテーマです。このことを今日の講義で示したいと思います。これまでもたびたびお話ししてきたように、マライタ島のような世界の「辺境」と言われる地域について研究していると、ともすれば、「過去」や「伝統」について書いているのだと誤解されかねません。しかし私自身は、マライタ島の人々はあくまで現在を生きているのであり、この人々の事例について考えることで、私たちが生きている現在に光が当てられるのだ、ということを強調したいと思います。

沈む島々?

それでは、現代における「自然」を人類学的に考えるとはどういうことなのか。マライタ島の事例から始めましょう。

スライドをご覧ください。これは、スイスのジュネーヴに本部を置くディスプレイスメント・ソリューションズという国際NGOが、2017年にオンラインで発表した報告書の表紙です。[3] このNGOは、世界各地で、紛争や気候変動によって居住地を失いつつある人々に支援を行うことを務めとしているそうです。この2017年の報告書は、マライタ島のアシの人々についての訪問調査に基づく、フォト・エッセイ形式の報告書になっています。この報告書では、「ソロモン諸島は、グローバルな気候変動による避難移住の最前線に位置している」[4]とされており、アシの人々が気候変動と海面上昇の典型的な被害者として描かれています。ツバルなど太平洋の島々に住む人々が、メディアでしばしばそのように描かれることはみなさんも知っていますよね? この報告書でも、サンゴ礁に築かれた島々におけるアシの生活は、「不確かな生存」[5]と形容され、人為的な原因による気候変動、とくに海面上昇により深刻な危機に瀕しているものとして描き出されています。

もう少し報告書の内容を見てみましょう。それによると、平均高潮面に対して1メートル弱の高さしかもたないアシの島々は、現在の海面上昇の下ではもはや居住不可能になりつつあると言います。「満潮のときには、島々はかろうじて海面の上にある。キングタイドや暴風といった出来事は、次第に多くなりつつあるが、そのような時には完全に水没してしまう島もある」[6]と報告書は書いています。そのため、島からマライタ島本島に移り住む人々もおり、一部の島は無人になっていると言います。1日目にも触れたように、実際には、島からの転出は海面上昇が理由とは限らないのですが。また、ある男性は取材者に対し、「気候変動は天気に影響しているだけでなく、あらゆるものに影響を与えてきた。人々や海や土地や、われわれが食べる食べ物さえ変わってしまった。人々の生活はすでに大いに変わってしまった」[7]と語ったそうです。

このような認識を踏まえ、報告書は次のように書いています。「気候変動のために海面が上昇し、嵐が激しくなるにつれ、これらの島々を造るのに使われているサンゴは次第にもぎとられ、ラグーンの海底に返されつつある。これにより居住空間は守られなくなり、島々は小さくなりつつある」[8]。このようにディスプレイスメント・ソリューションズの報告書は、アシの海上生活の危機を、他のものではなく端的にグローバルな気候変動によるものとして描いています。そこにおいてアシは、海面上昇により伝統的な生活様式が脅かされ、現在かろうじて生きながらえている人々として描き出されているわけです。

さて、NGOの報告書のこのような描き方に触れて、みなさんはどう感じるでしょうか？あなたはどうですか？

――うーん、正直なところ、よくある話だなと思います。南太平洋の島に住む人たちが海面上昇の危機に直面しているって、よく聞きますよね。

そうですね。今も言ってくれたように、太平洋の島々に住む人々が「気候変動の最初の犠牲者」として描かれることはよくあるので、みなさんにとってはこの報告書も目新しいものではないかもしれません。ただ、ちょっと考えてみると、この報告書でのアシの描き方にはいくつものバイアスがあることがわかります。たとえば、アシの人々を気候変動の典型的な被害者として描いている点には、「伝統的社会」に生きる人々を、外部からの影響によって滅びるしかない人々として描いてきたかつての人類学の他者イメージ（3日目を参照）と同じものを読み取ることができるでしょう。あるいはまた、この報告書では、現代の世界において気候変動と海面上昇が生じつつあるのは客観的事実であり、われわれはそれを科学的によく知っている、という認識が不問の前提になっています（「科学的事実／文化的信念」については3日目を参照）。アシの島々が高潮で浸水した場合、アシの人々は知らないかもしれないが、それは当然グローバルな海面上昇によるものだ、というわけです。言い換えれば、われわれが知っている海面上昇とまったく同じものをアシは経験しつつあるのだ、というわけです。この点については後ほど詳しく論じます。

さてここで、私が接したアシの語りを、ディスプレイスメント・ソリューションズの報告書に対置してみましょう。２０１１年のフィールドワークの際、人々は私に対して、前の年のはじめ、多くの島々が浸水するような高潮があったと口々に語ってくれました。ただし、この出来事に対する人々の解釈は分かれていました。一部の人は、「このようなことははじめてだ。きっと海面上昇のせいだ」と私に語りました。他方、それ以外の多くの人々、とくに60代以上の高齢者たちは、「高潮が島を覆うようなことは以前からあった」と説明してくれました。同じ２０１１年の８月、エリフォウ島という島に私が滞在したとき、この島に住むベンという40代男性は、島々の浸水のことを話題に出してこう言いました。

> 海面上昇というものについて、自分はこう考えているんだ。島が造られたばかりのときには、岩はまだ新しくて生きている。しかし、岩が焼けて死んでしまうと、島は低くなる。それで、満ち潮が島の上まで入ってくるようになるんじゃないか。父さんが造ったとき、この島はもっとずっと高かったのに。

「岩が死ぬ」ことで「島が低くなって」浸水する——このベンの語りを聞いたとき、私は本当に驚きました。というのも、この語りは、「アシの島々が浸水するのはグローバルな海面上昇のためである」という私たちの常識に完全に反しているからです。また私たちはふつう、積み上げられた「岩」が生きたり死んだりすることはないと考えています。これに対し、アシの人々は、島々を構成している「岩」は生きていて育っている、そしてある時間の中で死ぬのだ、と語ります。たとえば、フォウバイタ村沖のクワレウ島という島について、ある60代の男性は、「クワレウ島は深みに面しているだろう。この部分では、深い水路の中にある岩を打ち割ったり掘り起こしたりすることなく、生きたままにして、その上に島が築かれている。だから、この岩は今でも島の下で育ち続けているんだ」と語ってくれました。私たちは、アシが造る島は生きても死んでもいない「人工の」島だと理解しています。しかし、当のアシによると、その島の下で大きな岩が育ち、せり上がり続けている場合もあるし、島というものは岩が死ぬことで沈んでいくのだ、というのです。

それでは、私たちの常識に反するこのようなアシの語りをどのように受け止めればよいでしょうか？　みなさんが実際にマライタ島でフィールドワークをしていて、こうした語りに接したと想像してみてください。みなさんだったらどう受け止めますか？　単に「アシの人たちがそう信じているだけ」と片付けられるでしょうか？

——えっと、海面上昇を正しく理解していないということは、やっぱり科学的な情報とか教育が足りないんだと思います。ふつうに考えれば、アシの人たちが知らないだけですよね。

なるほど。そう感じる人は多いでしょうね。アシの語りはこの人たちの「文化的信念」のあらわれだ、というわけです。そちらのあなたはどうですか？

——うーん、私は逆に、マライタ島でフィールドワークしていたら、「岩が生きている」とか「岩が死んで島が沈む」と聞いても、「そういうこともあるかもな」と感じそうです。「そんなことあるわけない」と即座に否定する気にはなれません。

そうですか、これも面白い意見ですね。どちらかと言えば私もその意見に近いように思います。

ところで、先ほどお話ししたような「海面上昇は科学的事実だ」という認識は、どこまで盤石なものなのでしょうか。実際には、気候変動と太平洋における海面変動の関係は、ディスプレイスメント・ソリューションズの報告書が想定するほどに単純で明確なものではありません。ある地質学者によると、20世紀の間に太平洋の海面は約20センチ上昇したと推定されますが、他方で、貿易風の影響による潮位の季節的変動だけでも10〜20センチ、エルニーニョやラニーニャによる、数か月から数年のスパンでの変動は最大50センチにも及びます。[9] ですので、マライタ島を訪問中に島々が実際に浸水したとして、それを「グローバルな海面上昇のため」と特定することは必ずしもできないのです。その意味で、ディスプレイスメント・ソリューションズの報告は必ずしも「科学的」ではありません。むしろ、島々の浸水を一義的に「海面上昇のため」と決めつけるのは、非科学的とさえ言えるのではないでしょうか。

「人新世」の人類学

いかがでしょうか。以上のマライタ島の事例からは、たとえば気候変動といった現代における「自然」のあらわれを考える人類学が、「科学的事実」と「文化的信念」を単純に対比するのではなく、むしろ両者の境界があいまいになるようなグレーゾーンに着目するものであることが、少しずつ見えてくるのではないでしょうか。私自身、マライタ島でフィールドワークを始めた頃は、サンゴ礁や海面上昇といった「自然」に関わるテーマを研究しようなどとはまったく思っていませんでした。ところが、日本に帰ってくると、数十年に一度という猛暑やサンゴ礁の白化といったことが毎年のようにニュースになっていました。また、後でじっくりお話ししますが、現代の人類学においても、これまで「自然」と呼ばれてきたものを考え直す必要があるという議論が盛んになっています。そうした状況を踏まえてマライタ島に赴いたとき、これまで「自然」と呼ばれてきたものとアシの人々の関わりについて現代的なかたちで論じる必要があるんじゃないか、そのような研究をマライタ島でやることが可能なんじゃないか、と思われるようになってきたわけです。

そもそも、これまで「自然」と呼ばれてきたものが現代の人類学で大きなテーマとなっていることの背景には、先の報告書にも見られるように、地球温暖化や海面上昇が世界中で無視しえない事態となっていることがあります。比較的最近ですと、たとえば2023年の夏は世界各地で猛暑となりました。驚いたことに、一部の古気候学者は、この年の猛暑を過去約12万年で最高であったと推定しています。[10] 12万年間で最高の猛暑、数十年に一度の豪雨……このように、現代における「自然」について考えるとき、「自分たちはどこか異常な時代に生きている」という実感を、みなさんの多くがもっているのではないでしょうか。

このような事態を表現する言葉として、最近、「人新世」（アンスロポセン）という言葉が注目されています。[11] みなさんは、この授業以外で「人新世」について聞いたことがあるでしょうか？　聞いたことがある人は手を挙げてください。おー、半分以上の人が挙げてくれましたね。

この言葉は、2000年代のはじめに、オランダ出身の大気化学者で、オゾンホールの研究でノーベル賞を受賞したパウル・クルッツェンらによって提唱されました。「アンスロポセン」というのは、字義通りには「人類の時代」という意味で、クルッツェンらはこれを、完新世に続く地質時代の新段階として提唱しました。ここでのポイントは、地質時代というのはふつう、1万年から数百万年、あるいはさらにそれ以上に一度の区切りを指すのですが、そのような大きな時間的スケールの変化が今まさに起こっているのだ、というメッセージにあります。

「人新世」の概念が提唱されるまで、地質学的には、私たちは「完新世」に生きているのだというのが常識的な了解でした。完新世に先立って「更新世」という時代があり、これは約25 8万年前に始まった氷河時代です。この氷河時代が1万1700年前に終わり、比較的温暖で気候の安定した完新世が始まり、農業文明や都市文明の土台となったその安定状態が現在まで続いている。それが最近までの常識でした。ところがクルッツェンらによると、ある時期以降、地球環境は人間活動によって急激に攪乱されるようになり、完新世の安定状態は終わってしまった。それが新たな地質時代である「人新世」の始まりだ、というわけです。

それでは、「人新世」概念を提唱した科学者たちが念頭に置いているのは、どのような変化なのでしょうか。少し長くなりますが、この概念を提唱したクルッツェンたちの文章を見てみましょう。

過去三世紀にかけて、人間の人口は一〇倍になって六〇億に達し、それにともない家畜の数は一四億になった（平均的な大きさの家族一世帯につきおよそ一頭の牛がいる）。都市化は過去の一世紀でまさに一〇倍になった。わずか数世代で、人類は、数億年かけて生成された化石燃料を使い尽くしている。石炭と石油を燃焼させることによる二酸化硫黄の大気中への放出は、一年あたり一六〇テラグラムになるが、それは主に海からの海洋性ジメチルスルフィドとして発生する自然な放出の総量の少なくとも二倍である。地表の三〇％から五〇％が人間活動によって変容してきた。地上のエコシステムすべてにおいて自然に固定されているのよりも多くの窒素が今や合成的に固定され農業で肥料として使われている。化石燃料とバイオマスの燃焼に発する一酸化炭素の大気中への放出は自然なインプットよりも膨大で、世界の広範な地域において光化学スモッグを発生させている。アクセス可能な新鮮な水の総量の半分以上が人類によって使用されている。人間活動は、熱帯雨林において、種の絶滅率を千から一万倍にまで増大させ、いくつかの気候的に見て重大な「温室効果ガス」が大気中で実質的に増大してきた。二酸化炭素は三〇％以上、メタンは一〇〇％以上増大してきた[12]。

この「人新世」がいつ始まったのかについてはいくつかの説があります。具体的には、農業が開始された7000〜8000年前、産業革命が開始され、化石燃料の大量使用が始まった18世紀、あるいは、核実験の開始や生物の絶滅率の増大など、人間活動の地球への影響の「大加速時代」（グレイト・アクセラレーション）が始まった1950年頃、などです。最近の議論では1950年頃から、とするのが有力だそうですが、みなさんはどれがもっともらしいと思うでしょうか？

さて、「人新世」というのは、もともとは地質学や地球システム科学の分野の概念でした。ところが、2000年代末くらいから、歴史学や人類学、哲学や文学などでも無視しえない考え方になってきます。まさしく今日の講義のテーマですが、いわゆる「自然」はこれまで、それらの人文学的な分野において必ずしも中心的なテーマではありませんでした。そのことはたとえば、昨日の講義でも触れたように、マライタ島についての過去のエスノグラフィーでサンゴ礁や「岩」が完全に無視されていたという事実にも表れています。ところが、先ほどお話しした猛暑のように、グローバルな気候変動の影響が地球上どこでも無視しえないものになってくるにつれ、これまで「自然」と呼ばれてきたものの現代的な変容について、人類学や歴史学、文学の分野でも考えなければならないということになりました。少なくとも人類学に関する限り、これは21世紀に入ってからの大きな転換と言えます。

あらためて「人新世」概念に込められたメッセージをまとめておきましょう。すなわち第一に、人間は今や、地球の状態を全面的に変化させうる存在であるということ。第二に、新たな地質年代を設けなければいけないように、数万年から数百万年に一度の変化が今起こりつつあるということ。第三に、大気の循環のような「自然のプロセス」と化石燃料の使用のような「社会や歴史のプロセス」はもはや区別できないということ。後でお話しするように、これまでの人文・社会科学はこれまでそれらを区別してきたのですが。そして最後に、人間活動から独立した「手つかずの大自然」は、もはや地球上に存在しない、ということです。

さてどうでしょうか。「人新世」についての以上の説明を聞いて、みなさんはどう感じたでしょうか？　「私たちは現在、人新世に生きている」という見解に、みなさんも賛成するでしょうか？

――えっと、気候変動が今深刻な状態にあるというのは事実だと思います。ただ、「人間の時代」っていうネーミングはちょっと……。「人間が地球環境のすべてをつくり変えてきた」っていう議論ですよね？　地球環境が危機に瀕していると言いつつ、「人間こそがすごい！」とでも言うようなネーミングには違和感があります。

重要な指摘ですね。「人新世」概念の「人間が主役」という感覚に違和感を覚える人は多いのではないでしょうか。それから、地球環境の危機を指摘するはずの「人新世」概念が、「人間が生み出してきたテクノロジーの勝利」を謳っているように見えてしまうというのも奇妙な矛盾ですね。そちらのあなたはどうですか？

——最後におっしゃった、「人間活動の影響が及んでいない自然はもはや存在しない」というのがどうかな、と思います。「手つかずの自然」も探せばあるんじゃないですか？

なるほど。地球温暖化や放射性物質の拡散は、おそらく地球上どこでも逃げようがないのですが、現代の「自然」をどう見るか、「至るところで人の手が加わった自然」という概念で本当によいのかという点は、まさしく今考えるべきテーマだと思います。[13]「人新世」概念に対する批判として、人類学や関連分野で有力なのは、気候変動を起こしてきた主体を「人間」として抽象化したり一般化したりしてよいのか、という批判です。そのように言う論者たちに言わせると、地球環境を変えてきたのは抽象的な「人間」一般ではなく、主として欧米人です。「人新世」の概念は、「人間」内部の差異を捨象してしまっているし、それによって、「人間」を差別化してきた資本主義や植民地支配その他の歴史も捨象してしまっている、というわけです。一例としてキャスリン・ユソフは、鉱山労働やプランテーションなど、しばしば奴隷化されたいわゆる有色人種たちが、大地あるいは地球をいかに歴史的に体験してきたかを掘り起こす、「黒い人新世」という議論を提唱しています。[14] これはまさしく、「欧米人の技術的勝利」という「人新世」の物語を相対化する研究と言えるでしょう。

「自然」を考え損なってきた人類学？

それでは、今ご紹介した「人新世」は、なぜ、どのように人類学の問題になるのでしょうか？この概念は、人類学をどのように刷新することを求めているのでしょうか？　このことを考える手がかりとして、インド出身の小説家で、人類学の博士号をもっているアミタヴ・ゴーシュの『大いなる錯乱――気候変動と〈思考しえぬもの〉』という本（2016年）を取り上げたいと思います。[15] この本の中でゴーシュは、近代の科学や文学がある種の「自然」をとらえ損なってきたのではないか、というおもしろい問題提起をしています。

この考察の手がかりとなっているのが、インドでの学生時代の著者自身の体験です。ある日の友人宅からの帰り道、著者は激しい竜巻に偶然遭遇しました。この地方ではじめて観測された竜巻だったそうです。竜巻の中、みるみるうちに周囲の自動車や小屋が舞い上がり、建物のガラスは割れ、結果的に30人の死者が出たそうです。ゴーシュの文章を見てみましょう。

モーリス街《ナガール》の混みあった交差点をちょうど渡ったあたりで、上の方からゴロゴロと轟音が聞こえてきた。肩ごしにふりかえってみると、黒雲の底面からチューブのような灰色の突起物がにょきにょきと出てきているのが見えた。その突起物はみるみるうちに大きくなり、急に向きを変えたかと思いきやビュンビュンうなりながら地面めがけて、よりによってわたしが立っていた方角にむかって降りてきた。……すぐに轟音が狂ったようにピッチを上げ、暴風がはげしくわたしの服を引っ張りはじめた。……見上げるとそこにはとんでもない光景が展開していた——自転車、スクーター、街灯、くしゃくしゃになった鉄板、さらには屋台がまるごと、宙に浮いて飛び回っていたのだ。その瞬間、重力そのものが変容し、なにか未知の力の指先でまわる円盤と化したかのようだった。[16]

ゴーシュ自身は、この竜巻は気候変動と無関係であったと述べていますが、しかし彼は、小説家として、この竜巻のような思いもかけない「自然」のあらわれを、近代小説は描くことができないのではないか、と問いかけます。というのも、大雑把に言うなら、何気ない日常の中のちょっとした出来事、ゴーシュが引用する文学研究者、モレッティの言葉を借りれば、「驚きに乏しく、冒険はほとんどなく、奇跡は皆無である世界[17]」を繊細に描くのが近代の小説の役目だからです。その地域で前代未聞の竜巻が突然起こって車や小屋が吹き飛ばされる、といった奇想天外な出来事は、近代においては本格的な文学からは排除され、児童書やSFの中に追いやられてきたとゴーシュは言います。近代小説は、「諸大陸がどうやって創造されたかなど語りはしないし、何千年もの時の流れを口にするようなこともない」[18]と彼は述べています。他方で、すでにお話ししてきた通り、気候変動の時代と言われる現代においては、数十年に一度の豪雨や台風、数万年ぶりの高温、サンゴ礁の大規模白化、空前の規模の山火事など、「自然」と呼ばれるものが思いもよらない、荒れ狂った姿で現れることは決して珍しくありません。しかし、そのようなあらわれを記述対象から排除してきた近代小説の様式では、「自然」の「人新世」的なあらわれを記述することができないのではないか、われわれは、「人新世」的な「自然」を記述するための文体をもっていないのではないか、とゴーシュは言うわけです。

なお実は、ゴーシュが指摘する、「激変する自然を書くことができない」という問題は、近代小説に限られるものではありません。そもそも、近代の科学自体が、一面では、「激変する自然」を排除することによって形成されました。たとえば地質学の分野では、18世紀末から19世紀前半にかけて、ハットンやライエルという地質学者たちが、後に「斉一説《せいいっせつ》」と呼ばれるようになる考え方を打ち立てました。[19]それまでの地質学では、特徴的な地質学的現象を説明するのに、「かつて大洪水があったからだ」というように、現代では見ることもできないような激変を想定することがしばしばありました。そのような考え方は、後に天変地異説あるいは激変説と呼ばれるようになります。それに対してライエルたちは、「地球の変化はつねに同じように、きわめてゆっくりと起こるのであり、現在見ることのできない大洪水などの激変によって変化を説明するべきではない」という考え方を提唱しました。これが斉一説と呼ばれるもので、とくにライエルの著書がベストセラーになったことによって、19世紀以降、近代地質学の標準的な考え方になります。

ゴーシュも指摘する通り、19世紀にはこのように、「自然は急激には変化しない」と考える一部の近代科学と、「奇想天外に激変する自然については書くことはできない」とする近代小説が同時に生まれていたことがわかります。ここで、先ほどお話ししたように、1万1700年前からの完新世が、単に温暖であるだけでなく、それまでの氷河時代とは違って気候が安定した時代であったこと、そして、いわゆる都市文明や農業文明が、そうした安定状態を背景にして生まれたことを思い出してください。ある意味では、19世紀の科学や文学も、そのような「安定した自然」、まさしく「人新世」という激変の時代以前の「自然」を前提していたと言えるでしょう。[20] もちろん、ここに20世紀の人類学を付け加えることもできます。時間がないのであまり詳しくお話しできませんが、これまでの人類学で人間と「自然」の関係を論じる際のキーワードは「適応」（アダプテーション）でした。すなわち、それぞれの「文化」は、それが置かれた自然環境への適応の産物だ、というわけです。そのような議論が、今お話ししたような「安定した自然」を前提していることは明らかでしょう。数十年のうちに激変するような「自然」に適応して「文化」が形成され持続することはありえないでしょうから。

ここで、現代における「自然」という今日のテーマと、「いかにエスノグラフィーを書くか」という4日目の講義のテーマが結び付いていることに注意してください。やや単純化してキャッチフレーズ的に言うなら、1980年代の「いかに「文化」を書くか」という問いに代わって、現代では「いかに「自然」を書くか」という問いが前景化しているわけです。ゴーシュが言う通りであるとすれば、19世紀的な科学や文学は、「自然」の「人新世」的なあらわれについて書くことができないのではないか？「人新世」においてわれわれが直面する「自然」について書くためには、科学や文学、さらには人類学のような人文・社会科学の文体も変わらなければならないのではないか？それがゴーシュから受け取るべき問題提起です。

たとえば、ディスプレイスメント・ソリューションズの報告書を例に見た通り、現在では、マライタ島のアシの生活も、海面上昇や地球温暖化によるサンゴ礁生態系の攪乱によって、危機に瀕していると言われています。ところが、すでにたびたびお話ししてきたように、かつてマライタ島でフィールドワークをした人類学者たちの論文を見てみると、神話や儀礼の分析は延々と行われていても、この人々が身の回りのサンゴ礁とどのように関わっているか、この環境が現在どのような状態にあるかといったことが、一言も書いてありません。ここにはまさしく、「自然とは文化・社会にとって不動の背景であり、したがってエスノグラフィーに書く必要はない」という、ゴーシュが指摘したような19世紀以来の発想が読み取れると言えるでしょう。これに対し、先ほどの報告書が言うように、アシの人々もある仕方で「人新世」的な「自然」に直面しているとすれば、そのことを書きとめることができるエスノグラフィーとはどのようなものでしょうか？　今日の講義で考えたいのは、まさしくそのことです。

「単一の自然／複数の文化」

以上でお話ししてきたように、これまでの人類学がある種の「自然」について考え損なってきたのではないか、ということは、21世紀に入ってからの人類学の中心的な問題意識の一つでした。そのことはとくに、「存在論的転回」と呼ばれる理論的な動きと関わっています。それについてはすぐ後でお話しするとして、まずはティム・インゴルドというイギリスの人類学者の問題提起を見ておきたいと思います。

まず、インゴルドが書いたこちらの図（次ページ）を見てください。[21] これは、インゴルド自身が提唱する考え方を表した図ではなく、彼が批判するこれまでの人類学の考え方を表したものです。その点に注意してください。インゴルドは、狩猟民についての人類学的研究や、現象学などの哲学に依拠して、人間を理解する仕方を根本的に転換することを訴えてきた人類学者です。彼は、2000年に出版された『環境の認知』という論文集の第1章でこの図を提示しています。自然科学と人類学は、いわゆる自然現象について一見相反する説明を提示するのですが、それらは実は根底において、一方の「客観的で普遍的な唯一の自然」と、他方の「さまざまな文化的解釈」(図で言う複数の「世界観」)という二分法を共有しているということを、彼は批判的に指摘します。ここで、今日の講義の冒頭で取り上げた、マライタ島の「沈む島」について思い出してください。私たちはそこで、ともすれば、「グローバルな海面上昇という科学的事実」と、「それを知らないアシの人々が語る文化的信念」を対比してしまいがちでした。先ほどの意見にもあったように、「われわれは科学的事実を知っている／教育を受けていない彼らは、あれやこれやの迷信を信じているだけだ」というわけです。まったく同じことは、3日目の講義で紹介したカリフォルニアに住むモンの少女の「てんかん」の事例についても言えますね。少女が「てんかん」という病気をもっていることは「科学的な事実」なのに、モ

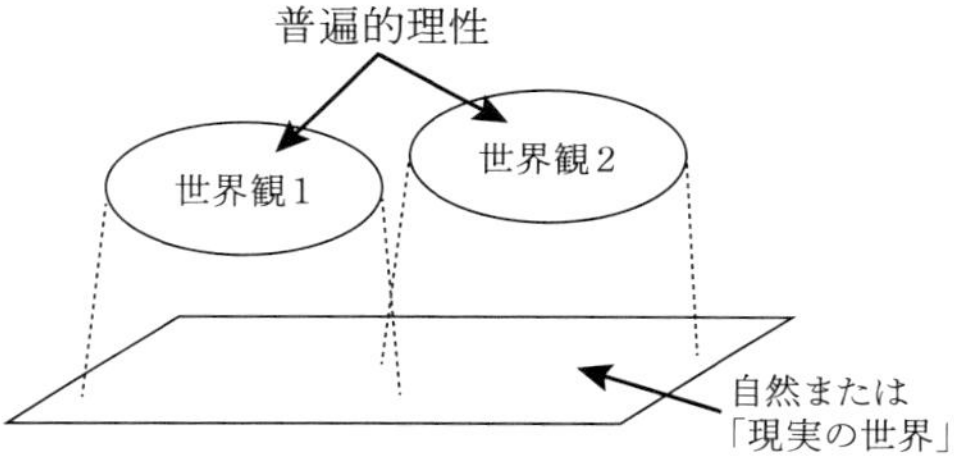

「世界観」と「現実の世界」

ンの人々はそれを「精霊に捕まって倒れる」病気だと信じている、それがモンの「文化的信念」だ、というわけです。そして、21世紀に入ってからの人類学で問題にされるようになったのは、まさしくこの「単一の自然／複数の文化」という対比の図式です。

インゴルドによれば、「単一の自然／複数の文化」という近代的な切り分けの下では、一方で「単一の自然に関する客観的事実を明らかにする自然科学」と、他方で、「自然の事実」が実際にどうであるかはさておき、それらの事実についての、地域や集団によってさまざまな「文化的解釈」を研究する人類学、という学問的な分業が必ず行われることになります。たとえば、海面上昇についてのアシの語りを検討するとき、私たちはちょうどこの図を上から見ていることになります。世界各地の人々は固有の自然環境の中で暮らしているのですが、その自然環境自体はあくまで背景であり、人類学者が研究するのは前景にある「さまざまな文化・世界観」である、というわけです。また、「不動の背景」としての「自然」それ自体について考えるのは科学者の務めであり、それを人類学的に研究する必要はない、ということになります。この考え方には、先ほどのゴーシュが問題にしていたのと同じような切り捨てを見て取ることができます。

「自然の事実／文化的解釈」というそのような二分法が通用している限り、世界各地の人々が何を語ろうと、それらは「文化的」な「解釈」あるいは「信念」に分類され、自然科学の権威は手つかずのままで維持されることになります。そのことがまさしく、先ほどのNGOの報告書や、3日目にお話しした「異文化間医療」に対して感じた違和感と関わっているのではないでしょうか。さらに、そのような二分法では、インゴルドの図にあるように、世界各地の「文化的解釈・信念」を俯瞰し比較するという人類学者の視点の超越性が暗に想定されています。すなわち、人類学の伝統的な調査・研究対象である人々が、あくまで自文化の中に浸っており、それを客体化できないのに対し、人類学者は、「さまざまな文化的解釈」を上の視点から比較することができるというわけです。

このような理解に基づいて、インゴルドは、「単一の自然／複数の文化」という区分に暗に依拠してきたこれまでの人類学を厳しく批判しています。すなわちこれまでの人類学は、文化相対主義（3日目を参照）を唱えつつ、実際には、「自然／文化」という二分法を通して自然科学の権威を維持していた。それと同時に、人々が語ることを、「自然の事実」に決して触れることのない「文化的解釈・信念」の領域に囲い込んで、それればかりか、「さまざまな文化的解釈・信念」を客体化し比較する自らの視点の超越性を担保してきた、というのです。それでは、「単一の自然／複数の文化」というこれまでの切り分けから自由な人類学は、どのようにして可能になるのでしょうか？　これはまさしく、21世紀に入ってからの人類学の中心的な問いの一つです。

「自然／文化」を超えて

次に、そのような近代的切り分けを乗り越えようとする現代的アプローチの代表例として、ブリュノ（ブルーノ）・ラトゥールの議論を見ておきましょう。ラトゥールは、昨日触れたいわゆるアクターネットワーク理論の提唱者の一人で、彼の議論は、すぐ後でお話しするいわゆる存在論的転回にも多大な影響を与えました。1991年に刊行された『われわれは決して近代人であったことはない』（邦題『虚構の「近代」――科学人類学は警告する』）の中でラトゥールは、今お話ししてきた「自然／文化」あるいは「自然／社会」という切り分けを、近代社会の土台にある「近代憲法」と呼び、これをどのように乗り越えることができるかを考察しています。[22] 彼によれば、西洋型の近代社会においては、自然法則に従う人間以外のモノ（非‐人間、6日目を参照）からなる「自然」と、自由な主体としての人間が作る「社会」という2つの領域に世界が切り分けられてきました。この指摘は、「単一の自然／複数の文化」や「自然科学／人類学」の分割を問題にした、先ほどのインゴルドの議論とも重なりますね。ラトゥールによれば、近代人は実際には「自然」の要素と「社会」の要素をつねに混ぜ合わせ、「ハイブリッド」を生み出してきました。このことはたとえば、近代的な科学や技術が、単に「自然」や「モノ」だけでなく、国家による政策や規格の制定、政府や企業の組織のあり方などとも不可分であることからもわかります。その意味で近代人は、自らが実際に行っていること、すなわち「自然／社会」の混合を見ることができないという限界を抱えていると彼は言います。「われわれは決して近代人であったことはない」というちょっと変わったタイトルは、「近代憲法」が抱えるそのような矛盾を意味しています。

他方で現代世界においては、ラトゥールが指摘するように、グローバルな環境問題や人間と動物の境界をまたぐ感染症など、「自然／社会」を横断するハイブリッドな現象が無視しえないほどに増大しています。彼が問題にするのは、従来通りの「近代憲法」や、インゴルドが問題にしたような「自然科学／人類学」の分業が、このようなハイブリッドの増大を的確に認識することも、それに対処することもできないという事実です。言葉遣いは違うものの、この議論は、「自然」の現代的なあらわれを書くことができない文学や科学、という先ほどのゴーシュの議論にも通じますね。それでは、「近代憲法」を乗り越え、現代のハイブリッドな諸現象に的確に対処することができる、ラトゥールの言うところの「非‐近代的」な学問とはどのようなものなのでしょうか？

興味深いことにラトゥールは、人類学のアプローチが、少なくとも一面においてそうした非‐近代的な学問となりうることを指摘し、自らの提唱するアプローチを「科学人類学」あるいは「比較人類学」と呼んでいます。彼によれば、人類学者はこれまでも、「自然／社会」という近代的な切り分けを共有しない「前近代的」な社会について研究してきました。そのために、人類学者は「近代憲法」を必然的に逸脱してきたし、人類学者が書くエスノグラフィーの中には、自然環境、生業活動、宗教、親族関係、政治組織……というように、「自然」に属するものと「社会」に属するもの、人間に関わるものと非‐人間に関わるもの、要するに、フィールドワークで見出されるあらゆるものが並存・混在してきました。2日目の講義でお話しした「全体論」を思い出してください。ラトゥールはまさにこの点で、現代のハイブリッドな現象を記述しうる非‐近代的な学問のモデルとして、人類学を肯定的に評価します。ただし、先ほど見たインゴルドも論じていたように、これまでの人類学が「単一の普遍的な自然」を前提あるいは背景とし、それを視野の外に置いた上で「多様な文化」を記述しようとするような自己限定をともなっていたことも事実です。ラトゥールが求める「科学人類学」あるいは「比較人類学」とは、「自然」をこのように排除することなく、「自然的かつ社会的なハイブリッド」それ自体を対象とするような新しい人類学です。

なお、ラトゥール自身は1970年代以降、科学や技術が生み出される現場で何が起こっているかを、人類学的なフィールドワークを通して明らかにする「科学人類学」というアプローチを提唱し実践してきました。これまでの人類学者が「前近代的」な「未開社会」に対して用いていたフィールドワークとエスノグラフィーの方法を、すぐれて「近代的」とされる科学や技術に対し適用するというわけです。これが、彼の言う非-近代的な人類学の一例であると言えます。『われわれは決して近代人であったことはない』においてラトゥールは、そのような科学人類学も含め、「単一の自然」に対比される「多様な文化」を研究する（3日目を参照）のではもはやなく、彼が「自然＝文化」と呼ぶようなハイブリッドなネットワークを研究する「比較人類学」を提唱しています。そこでは、近代社会と、人類学の伝統的な研究対象であるいわゆる前近代社会は、いずれも「自然／社会」を混合し、人間と非-人間のネットワークを構築している点で質的には相違ないものとされます（6日目を参照）。その上で、「近代／前近代」を「対称的に」研究することができる人類学という新たな展望が示されています。このようなラトゥールの議論は、次にもお話しするように、「自然／文化」、「科学的事実／文化的信念」という切り分けを乗り越えて新しい人類学を実践しようとする論者たちに大きな影響を与えてきました。

存在論的転回とは？

以上でお話ししてきたように、これまで「自然」と呼ばれてきたものとそれを書く仕方をとらえ直そうという動きは、現代の人類学における一つの大きな流れとなってきました。このことは、2000年代後半から言われるようになってきた「存在論的転回」という動きとも関わっています。存在論的転回は、ちょうど私が人類学を勉強し始めた頃に始まった理論的ムーブメントなのですが……おっと、難しそうな言葉が出てきたので嫌そうな顔をした人もいますね。でもちゃんとわかりやすく説明します。

いわゆる存在論的転回のリーダーとなったのは、3日目に「大理石とギンバイカ」という議論を紹介したブラジルの人類学者、ヴィヴェイロス・デ・カストロです。彼に刺激を受けたケンブリッジ大学などの若手の人類学者たちが、2000年代後半以降、人類学を刷新しようとするこの動きを起こしました。この動きについては、それが2つの大きな課題に取り組んでいたということがポイントです。第一に、これまでの人類学は、「人々は世界をどう見ているか」という「ものの見方」にこだわりすぎていたのではないか。そうではなくて、ある人々にとって「世界は現にどうであるか」、「そこにいかなる現実があるか」にも着目する人類学を実践しよう、という課題があります。こうした議論においては、「人々が世界をどう見ているか」が「認識論」、「人々がどう見ているか」を離れて「世界が現にどうであるか」が「存在論」と呼ばれます。たとえばモンの少女の「てんかん」の事例で言えば、これまでの人類学では、「少女が実際にどのような病気であるのか」は医学が決めることであって問題ではなく、人類学者は「モンの人々がてんかんをどう見ているか」だけを研究していればいい、と考えられていました。そのように認識論に偏ったこれまでの人類学を離れ、「世界が実際にどうであるか」、

「そこにどのような現実があるか」を語りうる存在論的な人類学にシフトしよう、というのが存在論的転回の第一のメッセージでした。

第二に存在論的転回は、これまでの人類学、それどころか近代的なものの見方全般の土台にある「自然」と「文化」、もう少し具体的に言えば、「単一の自然」と「複数の文化」という切り分けを問題にしました。これまでの人類学は暗黙のうちに、一方の「自然」と他方の「文化」という切り分けを前提としていたのではないかというのは、先ほど紹介したインゴルドやラトゥールも議論していたことです。近代的なものの見方においては、「自然」の事実は一つしかない、つまり客観的で普遍的であるとされています。この「単一の自然」に対して、人々はさまざまな見方をしていて、この「さまざまな見方」、つまり先ほどの認識論を研究するのが人類学の役目だ、というわけです。

なお、20世紀はじめ以来の「文化」概念に、そもそも、「世界にはさまざまな文化があり、したがってさまざまなものの見方がある」という多様性・複数性が含意されていたことは、3日目の講義でお話しした通りです。たとえば、マライタ島で起こっているかもしれない海面上昇については、私たちはふつう、海面がグローバルに上昇しているのは「自然」に関する「客観的」で「科学的」な「事実」である、と考えるでしょう。これに対し、アシの人々は、「岩が死ぬことで島が低くなっている」という特異な「文化的信念」を抱いているとみなされます。

ここでは、「自然／文化」、「科学／文化」、「事実／信念」、「近代／前近代」、「存在論／認識論」といったいくつもの切り分けが互いに結び付いていることがわかります。

さて、存在論的転回を理解する上でのポイントは、今言ったこの転回の2つのテーマ、つまり、「認識論から存在論に重点を移すこと」と、「「自然」と「文化」という従来の切り分けを乗り越えること」という2つの課題がどう結び付いているかということです。ヴィヴェイロス・デ・カストロたちによると、近代的な人類学は、20世紀はじめにボアズらによって確立されたときから、「人々が世界を見る見方は文化的にさまざまである」という認識論的な性格をもっていました。3日目の講義でお話しした「文化相対主義」の発想ですね。そのような発想においては、「世界それ自体は一つしかないが、それを見る見方は社会的・文化的にさまざまである」という「自然／文化」の切り分けと、「世界が実際にどうであるかはさておき、そのような多様な見方を研究することが人類学の務めである」という先ほどの「認識論」が表裏一体をなしていました。ヴィヴェイロス・デ・カストロらに言わせると、このような「自然／文化」の切り分けと、人類学の研究分野としての認識論への自己限定は、20世紀を通して密接に結び付いていました。そして存在論的転回は、過去100年間にわたる人類学のそうしたあり方をひっくり返そうとしたムーブメントであると言うことができます。

ではなぜ、認識論への偏りと「単一の自然／複数の文化」という想定をひっくり返さないといけないのでしょうか？　ヴィヴェイロス・デ・カストロらの議論をかみくだいて言うと、「単一の自然／複数の文化」という二分法と認識論への自己限定のために、人類学はこれまで、自らの根本的主題としての差異あるいは他者性について考え損なってきた、と言うことができます。「人々は単一の自然に対してさまざまな文化的見方をとっている」という図式に従うなら、人類学者がその調査・研究において見出す異質なものは、必ず「文化的なものの見方」の領域に属することになり、認識論的・文化相対主義的に飼い馴らされたかたちでしか思考されえなくなります。たとえばマライタ島の海面上昇と「沈む島」について聞いても、みなさんの多くは「へえ、アシの人たちはそんな奇妙なことを信じているんですか」というように、アシの語りを「文化的信念」の領域に囲い込んでしまうでしょう。人類学者がアシの語りをどれだけ紹介し解説しようと、「グローバルな海面上昇が現に生じている／アシの人たちはそれについて特異な文化的信念を抱いている」という対比は揺るがないわけです。同じように、3日目にお話しした異文化間医療がモンの「文化的信念」を尊重すると言っても、それはあくまで、「実際にはそうではないのだが、彼らはそのように信じている」という枠内での話で、「科学的事実／文化的信念」の非対称性は揺らぎません。このような状況をどうにかして脱却することはできないだろうか？　差異や他者性を、単なる「信念」や「語り」ではなく「現実」それ自体の次元でとらえ直すことができるような人類学は、いかにして可能だろうか？　それが存在論的転回のメッセージです。

複数の「自然」?

ところで、「単一の自然/複数の文化」という切り分けを乗り越えると言われても、まだピンと来ない人もいるでしょう。現実は一つしかなくて、それに対して人によってさまざまな見方をするというのは当たり前ではないのか? そうではなくて、現実が複数あるとはどういうことか? 「さまざまな文化」だけでなく、「自然」や「科学」の方も人類学的研究の対象となるとはどういうことか?

この点について、現代の人類学の考え方を理解してもらうために、近年の「存在論的」な人類学の代表例と言える、アネマリー・モルの『多としての身体——医療実践における存在論』(2002年)という本を紹介しましょう。[23] この本は、医療や病気について扱う医療人類学という分野で書かれたものです。モルは、オランダの大学病院でアテローム性動脈硬化症という血管の病気を対象にした科学人類学的フィールドワークを行い、病気に対する人類学的なアプローチを刷新するような議論を提示しました。

これまでの医療人類学における基本的な区別として、「疾病」(ディズィーズ)と「病い」(イルネス)という対概念がありました。すなわち、科学的に特定される、客観的で生物学的な対象としての「疾病」と、その疾病を患者がどのように意味付け、経験するかという主観的な「病い」が区別されてきたわけです。このことから、医療人類学の内部で「単一の自然／複数の文化」、「存在論／認識論」という切り分けが反復されてきたことがわかりますね。3日目に紹介した『精霊に捕まって倒れる』という本でも、著者は一面で、モンの少女が患っているてんかんが「疾病」であり、モンの人々がそれを「精霊に捕まって倒れた」ことのあらわれだとみなすのが「病い」だと解釈していたと言えるでしょう。これに対しモルは、まさしく存在論的転回と足並みをそろえるように、「疾病は客観的で単一だが、それに対する見方や経験の仕方はさまざまである」という切り分けで本当によいのか、と問いかけます。

そしてモルは、大学病院でアテローム性動脈硬化症という病気がどのように扱われているかを詳細に描き出すことを通して、近代医学における「疾病」それ自体が決して一枚岩ではなく、その内部に同じ「疾病」のさまざまなバージョンを含んでいることを明らかにしました。彼女によれば、同じ病院の中でも、同じ「疾病」について多様なアプローチがなされており、それらを彼女は、病気を「実行する」（エナクト）さまざまな「実践」（プラクティス）と呼んでいます。たとえば外来診察室では、歩行の際に痛みが生じるかどうかや、脚の温度や脈拍の強さによって、動脈硬化症という疾病が「ある」かどうかが診断されます。他方で病理解剖室においては、切断された脚の血管を見て、内膜が肥大しているかどうかで疾病が判断されます。他にも、血管造影や超音波検査など、同じ疾病を「実行する」異なる仕方があります。ある地域の一定以上の年齢の人口の何パーセントが動脈硬化症に罹患するかという疫学的なアプローチも、それらとはまったく異なる「実行」の仕方だと言うことができます。

モルによると、これらの実践・実行なしには私たちは「疾病」が「ある」とも「ない」とも言えない以上、それらがあってはじめて、動脈硬化という「疾病」が存在することになるのです。そこでは、「一つの疾病に対する異なる見方」があるのではなく、疾病を「実行する」さまざまなやり方があり、それらがなんとかまとめ上げられることで、アテローム性動脈硬化症という「一つの疾病」が「ある」という状態が、まさしく「存在論的」につくり上げられているのだ、と彼女は言います。ここでは、私たちが一枚岩だと思っている「疾病」についての「科学的」理解自体がさまざまな「実行」の産物であり、したがって複数性を帯びているのだということが示されています。このような見方は、「疾病／病い」を対比し、後者だけが人類学の研究対象だとする従来の医療人類学ではあくまで不可能だと言えるでしょう。

転回の背景

ところで、今説明してきた存在論的転回という動きはなぜ、どのように始まったのでしょうか。ある講演の中で、ヴィヴェイロス・デ・カストロはこの動きに3つの背景を指摘しています。[24] 第一は、4日目や昨日の講義でお話しした、1980年代を中心とするエスノグラフィーの書き方を見直す動きです。そこでお話ししたような、人類学的な知識や文章のあり方についての自己批判的な議論は、一面で、すればするほど息苦しい内輪の議論にとどまってしまったとしばしば言われます。また、エスノグラフィーの書き方についての議論に終始していると、今日の講義でお話ししているような現代的な「自然」のテーマ、言い換えれば、「世界が実際にどうであるか」という議論が置き去りにされてしまいます。存在論的転回は、2000年代以降、ヴィヴェイロス・デ・カストロのリーダーシップの下、そうした閉塞状況に不満を抱いた若手人類学者たちによって推し進められたと言うことができます。

第二に、先ほど紹介したラトゥールの科学人類学をその一部とする科学技術社会論（STS）の発展という同時代的背景があります。科学技術社会論は、確実なものと思われている「科学的」とされる事実が、実際には、さまざまな具体的な道具や作業をつなぎ合わせることを通じてつくり上げられるものであり、偶然的あるいは暫定的な性格をもつものであることを明らかにしてみせました。モルの研究もその一例です。そうすることによって、科学技術社会論は、人類学の文化相対主義を暗に支えてきた、「科学が明らかにする、客観的で普遍的な唯一の自然」という考え方を解体してきました。まさしくモルの研究に見られるように、ここでは、「自然／文化」という二分法の「自然」の側が揺るがされたと言うことができます。このような動きは、1990年代以降ヴィヴェイロス・デ・カストロらにも多大な影響を及ぼし、後の存在論的転回につながってきます。

最後に、ヴィヴェイロス・デ・カストロは、「存在論的転回」の問題意識として、今日の講義のはじめに取り上げた「人新世」という言葉に象徴されるような、グローバルな環境危機という現代的状況があることを指摘しています。私たちは、地球環境が人間活動によって全面的に攪乱された「人新世」的状況に生きていると言われます。そうだとすれば、「世界」あるいは「自然」が「実際にどうであるか」を視野の外に置いて「多様な文化的見方」だけを研究する20世紀型の人類学では、そのような現代的状況に適切に向き合うことができないでしょう。これは先に見たゴーシュも指摘していたことです。そのような意味で、現在、「自然／文化」の切り分けや認識論への偏りを乗り越え、「人新世」的な「自然」に向き合うことができる新しい人類学が求められているのです。存在論的転回はそのような認識に基づいて提唱されたとヴィヴェイロス・デ・カストロは言います。

なお、今日の講義のように、私が存在論的転回や「人新世」に言及すると、「あいつは英語圏の流行に飛びついているだけだ」と言う人がいるかもしれません。しかし、マライタ島でフィールドワークを続けてきた私としては、海面上昇やサンゴ礁の白化など、これまで「自然」と呼ばれてきたものが今実際にどうなりつつあるか、アシの人々がそのような変化にどう関わろうとしているかを無視することは絶対にできません。その意味で、マライタ島についての私のエスノグラフィーは、「自然／文化」、「存在論／認識論」といった境界線を乗り越えていく必要があります。私にとって、存在論的転回や「人新世」論は決して単なる流行ではないのです。

現代の「自然」を書く

いかがでしょうか。なぜ、現代の人類学で「自然」を問題にしなければいけないのか、感じ取っていただけたでしょうか。

最後に、締めくくりとしてマライタ島の事例に戻りましょう。今日の授業の冒頭では、海面上昇についてのディスプレイスメント・ソリューションズの報告書と、「岩が死ぬことで島が沈む」というアシの語りを対比しました。これを見ると、私たちはふつう、「南太平洋で海面が上昇しつつあることは科学的事実／アシの人々は特異な文化的信念を抱いているだけ」というふうに対比して理解してしまうでしょう。しかし、今日の授業で見てきたように、いわゆる存在論的転回やラトゥール、インゴルドらの論者は、「自然／文化」、「科学的事実／文化的信念」、「近代／前近代」をそのように切り分けてしまってよいのだろうか、という問題提起をしてきました。また、国際NGOの報告書が想定している海面上昇が、実は「科学的事実」とは必ずしも言い切れないこともすでにお話しした通りです。

だとすれば、私たちは「育つ岩」や「沈む島」をめぐるアシの人たちの語りをどのように受け取るべきなのでしょうか？「人新世」的な状況の中で、これまで「自然」と呼ばれてきたものをどのようにとらえ直せばいいのでしょうか？　これがまさしく私が現在取り組んでいる研究テーマです。

マライタ島でのフィールドワークを続け、同時に存在論的転回などの理論的な動きにも触れる中で、私は、アシの人たちと身近な自然環境の関わりに次第に注目するようになりました。中でも注目したのが、この人々がその中で暮らしているサンゴ礁という特徴的な環境です。先ほど見たような「岩が育つ／死ぬ」というアシの語りも、まさしくこの環境に関わるものと言えるでしょう。「人新世」との関連ですでに触れたように、サンゴ礁は、地球温暖化によって危機に瀕している「脆弱な生態系」であると言われます。夏に、高水温によるサンゴ礁の「白化」のニュースを見たことがある人も多いでしょう。そのことからしても、サンゴ礁という環境に注目することで、「人新世」的状況を生きていると言われる「われわれ」と、マライタ島に暮らす「彼ら」を結び付けることができるのではないか——私はそのように考えるようになりました。なおかつ私は、サンゴ礁についての「科学的事実」を背景として、アシの人々の「文化的信念」だけを論じるような人類学から脱却したいと考えるようになりました。どうにかして、一つのエスノグラフィーの中で、これまで「自然」と呼ばれてきたものと「文化」と呼ばれてきたものの双方を同時に扱うことはできないでしょうか？　ラトゥールの言葉を借りるなら、「われわれ」と「彼ら」を、「自然／文化」、「科学的事実／文化的信念」、「近代／前近代」に振り分けるのではなく、「対称的」に記述することができるエスノグラフィーを目指そうというわけです。

このアプローチについてのイメージをもってもらうため、今、サンゴ礁という「脆弱な生態系」をめぐって世界でどのような動きが起きているのかを見てみましょう。調べてみると、サンゴ礁をめぐる科学的研究や保全活動の現場でいろいろと驚くべき動きが起こっていることがわかりました。一例を挙げましょう。みなさんは「スーパーコーラル」について聞いたことがあるでしょうか？　おそらくほとんどの人は聞いたことがないでしょうね。現在、科学者や保全活動家の間では、地球温暖化と海水温の上昇がこのまま進行すると、世界のサンゴ礁は壊滅してしまうと危惧されています。今あるサンゴ礁をなるべく手つかずで、過去の状態のままに保全するというこれまでの方針では不十分で、間に合わないのではないかとも言われます。そうした中、サンゴ礁により積極的・人為的に介入してこの生態系を回復させる「再生」研究というアプローチが盛んになっています。「スーパーコーラル」はそうした介入・再生手法の一例です。[25]

具体的に言うと、まず科学者や保全活動家が、海でサンゴの群体をサンプリングし、それらを実験室の水槽で育てます。水槽では、その中の群体に高水温、高CO_2などの負荷をかけます。そうすると、高水温や高CO_2に耐性をもつ一部の群体だけが生き残ることになります。こうした群体を「スーパーコーラル」と呼びます。すなわち、「人新世」的な未来の海をも生き抜くことができるスーパーサンゴ、というわけです。さらには、それを実験室で養殖し、海に移植することが目指されています。いかがでしょう？「スーパーコーラル」について聞いてどう思いましたか？

――うーん、なんか気持ち悪い、というのが第一印象です。なんで気持ち悪いんだろうな……人間がつくったものが海に広がっていくからでしょうか。ともかく、「そこまで自然に介入してしまっていいのか？」というのが正直な感想です。

そちらのあなたはどうですか？

――僕もちょっと違和感があります。でも、地球温暖化でサンゴ礁が本当にピンチなら、これくらい人為的なやり方でも保護をしないといけないんだろうなと思います。ですからスーパーコーラルを否定するつもりはありません。

なるほど、ありがとうございます。お2人ともスーパーコーラルについて、なんか気持ち悪いな、なんか変なことが起こっているんじゃないか、という違和感を表明してくれましたね。この違和感について掘り下げることは、今日のテーマである「人新世」における「自然」を考える上で重要だと思います。

私の考えでは、スーパーコーラルという事例の奇妙さやおもしろさは、それが高度に人為的な介入であるにもかかわらず、その「人為」が「自然」の中に半ば溶け込まされている点にあると思います。その点でスーパーコーラルは、サンゴのゲノム編集・遺伝子組み換えのような、明確に人為的な操作とは異なっています。スーパーコーラルを育てている研究者たちは、「そこまで人為的に介入してしまってよいのか？」という問いに対して、「自分たちは適応・進化という自然のプロセスを速めているだけだ」と答えます。実際、実験室で養殖されたスーパーコーラルが海に移植されるとき、そこで広がっていくサンゴは、もともと海からサンプリングされたものである以上、「自然」とも「人工」ともつかない中間的な存在だと言えるでしょう。

私が言いたいことは、現在のサンゴ礁をめぐる科学や保全活動の現場で、このように、これまでの「自然／人工」の概念に当てはまらない、特異な「自然」が立ち現れているということです。「自然／人為」、「自然／文化」の間のグレーゾーンとでも言いましょうか。一方、今日の講義の最初に見た通り、マライタ島の人たちは、自分たちが造った島が育ったり死んだりすると語るように、私たちとは異なる「自然」観をもっていました。現在の私の研究は、そのようなマライタ島についてのエスノグラフィーとサンゴ礁科学の現場に関する科学人類学を、まさしく「対称的」につなごうとするものです。そうすることで、「自然／文化」、「科学／文化」、「近代／前近代」を対比するのではなく、ラトゥールの言葉を借りれば、「自然」のさまざまな非‐近代的なあらわれを比較するエスノグラフィーが可能なのではないかと考えています。マライタ島の人々の語りも、「前近代的」な「文化的信念」ではなく、「自然」についての非‐近代的な思考として受け取り直そうというわけです。マライタ島とサンゴ礁科学を、一つのエスノグラフィーの中で具体的にどのようにつなぐのかは、これからのお楽しみですが。[26]

いかがでしょうか。7日間の講義を通して、マライタ島での暗中模索のフィールドワークから始まって、『文化を書く』、歴史人類学や存在論的転回など現代人類学の議論を経て、私の研究がどのように展開してきたか、感じ取っていただけたでしょうか。最後にみなさんに言いたいことは、この連続講義のテーマであった現代の人類学というのが、決して「古い人類学」から「新しい人類学」への移行を意味するものではないということです。そうではなくて、マライタ島のように一見「古典的」な対象と、サンゴ礁科学のように一見「現代的」な対象を等しいく見ることができるような視点が、現代の人類学において生まれたのだと言えないでしょうか。

私自身は、今後もそのような人類学を追究していきたいと考えています。

日本語で人類学をすること

さて、7日間の講義が終わりましたが、何か質問はあるでしょうか？

――先生！　ちょっとひっかかったんですけど、インゴルドたちが問題にした「単一の自然／複数の文化」っていうのは、近代の西洋に特徴的な考え方なんですよね？　私たちは日本人だから関係ないような気もします。日本には西洋とは違った自然観がある、って話も聞いたことありますし。

ありがとうございます。非常に重要な問題提起ですね。

人類学に限らず、学問をやる上では、自分が使う概念がどのような歴史的制約を帯びているかに注意しなければいけません。今日の講義との関連で言えば、冒頭でも触れたように、日本語の名詞としての「自然」は明治時代になってからできた翻訳語だというのは有名な話です。そうである以上、欧米人の言う「自然《ネイチャー》」と自分が言う「自然」が違っているかもしれない、という可能性を無視してはいけません。しかし他方で、「日本には日本人に独自の自然観がある」とか「西洋人の議論はわれわれには関係ない」と言い切ってしまうことには、私は違和感があります。あるいは、「われわれは日本人なのだから日本語の枠内でしか人類学をすることはできない」という指摘についても、ちょっと立ち止まって考える必要があると思います。

一つの問題は、「日本人の自然観」といったものを一枚岩に想定してしまうということです。3日目の講義でお話ししたように、マライタ島やモンやマプーチェに単一の「文化」がある、と想定することに注意が必要なのと同じように、「日本人には日本人に独自の自然観がある」と言い切ってしまうことにも留保が必要なのではないでしょうか。残念ながら、「日本人は稲作農耕民として身近な自然とつねに親しみ、自然を敬ってきた。われわれは欧米人とは違う」といった図式的な議論を見かけることがあります。自分で自分のことをステレオタイプ化するような議論と言ってもいいでしょう。必要なのは、そうではなくて、むしろ日本語の「自然」自体が、単一の定義につなぎ止めることができないような多義性、緊張関係や運動性を帯びているという見方ではないでしょうか[27]。そのような多義性が、実際のエスノグラフィーの中でどのような展開を遂げるか、その過程で、日本語の概念が、たとえば存在論的転回のような欧米由来の議論とどのように交わるかを見るべきでしょう。

次に、「われわれは日本人なのだから日本語の枠内でしか人類学をすることはできない。だからわれわれの議論は西洋人の議論とは交差しえない」という考え方についてはどうでしょうか。一面ではたしかに、日本語で人類学を実践する人類学者は日本語に多かれ少なかれしばられていると言えるでしょう。しかし私としては、人類学というのは、本質においてはもっと自由な営みなのだ、と言いたいと思います。

実際に自分でエスノグラフィーを実践してみればわかりますが、日本語を使って人類学をする場合でも、必ずしも日本語という枠組みにしばられ続けるわけではありません。むしろ、人類学とは強い意味で、異なる言語の「間」でやる作業です。具体的には、私の場合、自分の母語である日本語、マライタ島の言語、そして多くの理論的な枠組みが由来する欧米の言語という3種類の言語の間に身を置くことになります。その意味で、人類学とエスノグラフィーとは、どれかの言語にしばられているというよりは、それらの間で移動し続けるような作業です。『ロリータ』の著者であるウラジーミル・ナボコフという作家は、自分がロシア語で書いた小説を英語に訳したり、はじめに英語で小説を書いてロシア語に訳したりといった、独特な「自己翻訳」をしていたことで知られています。[28] そのように徹底的に言語の「間」に身を置くという姿勢は、人類学者の営みにも通じるように思います。そう考えると、「西洋人たちの議論は自分たちには関係ない」と言い切ってしまうのは、人類学という作業の自由さや特異性を手放してしまうようでもったいないでしょう。

そうした移動の中で、たとえば「自然」といった言葉も意味を変え続けることになります。マライタ島に対して「自然」という言葉を適用すると、この言葉の意味はどう変容するか？さらに、この変容を通して、「自然」をめぐる日本語と欧米の言語の議論はどのように結び付けられるか？　そのように、言語と言語の間を行ったり来たりすること、手持ちの言葉を新しい仕方で使う可能性に出会うことに、人類学の自由さの一面があると私は考えています。みなさんにもそうした知的冒険を体験してもらいたいと思うのですが、いかがでしょうか。

おわりに

夕暮れのサンゴ礁

さてみなさん、7日間の連続講義はいかがだったでしょうか？　さまざまな変化の中で、現代の人類学が何を考え、それをどう表現しようとしているか、わかっていただけたでしょうか？　教室を飛び出していく人類学という分野に、どのような魅力や難しさがあるか、感じ取っていただけたでしょうか？

ここで、7日間の講義を簡単に振り返ってみましょう。

1日目　人類学はどのように変化しつつあるか？

近代において人類学は、いわゆる「異文化」を知ることを通して人間理解を更新していく学問的営みとして成立しました。長期のフィールドワークを通して現地の文化・社会を深く理解するという研究スタイルが確立したのは約100年前のことです。しかし、20世紀末になると、植民地の独立やグローバル化などさまざまな変化の中で、人類学の研究対象や研究方法自体が大きく変わってきました。講義ではそのことを、マライタ島での私自身のフィールドワークと、その中での「何をどう研究すればいいのだろう？」という戸惑いを事例としてお話ししました。

2日目　フィールドワークとはどのような営みなのか？

人類学におけるフィールドワークは、単なる「現地でのデータ収集」ではなく、長期間の住み込みの中で、研究の問いやテーマそれ自体が形成されていくような過程です。そのようなフィールドワークという方法は、通説によれば20世紀はじめ、マリノフスキによって打ち立てられました。しかし現代では、グローバル化その他の変化の中で、「閉じた地域社会」を綿密に研究するというこれまでの人類学の想定自体が疑われるようになっています。それでは、今、どのようなフィールドワークを行えばいいのでしょうか？　このことを、私自身のマライタ島での体験をもとにして考えました。

3日目　「文化」の概念はどこまで使えるのか？

人類学は、一般に「世界の多様な文化」について研究する学問だと考えられています。しかし、「世界には、それぞれ異なる多様な文化が並存している」、「それぞれの文化は何百年も変わらず続いている」、「そのような文化の一つひとつについて研究するのが人類学だ」という理解で本当によいのでしょうか？　そのような「文化」概念は、実は歴史的に比較的新しいものであり、また、「異文化」を固定的にイメージしてしまうことにはさまざまな問題があります。この講義では、そのような「文化」概念それ自体を乗り越えるような現代人類学の試みについてお話ししました。

4日目　人類学では文章などによる表現がなぜ大切なのか？

人類学の研究成果は、伝統的に、特定の地域や集団について非常に詳細に書いたエスノグラフィーという文章のかたちをとってきました。フィールドワークは、当の人類学者にとってきわめて特異な体験であり、そうである以上、それをいかに表現するかということは非常に重要な問題になります。とくに１９８０年代以降、固定的で画一的な「異文化」イメージをつくり出してきた、これまでのエスノグラフィーの様式が問題視されるようになりました。それでは今、人類学者はどのような表現を行えばいいのでしょうか？　私自身のものも含め、いくつかのエスノグラフィーを素材に、この問題について論じました。

5日目　人類学にとって歴史とは何か？

私たちはしばしば、いわゆる「異文化」を、「何百年も変わらないもの」としてイメージしがちです。かつての人類学も、そのような固定的な「異文化」イメージをつくり上げてきた面があります。１９８０年代頃に登場した歴史人類学は、そのようなイメージを批判し、植民地支配をはじめ、調査地の歴史的経緯を検証する新しいアプローチを提起しました。講義ではさらに、調査地の人々が近代的なそれとは異質な歴史観をもっている場合や、人々自身にとって、自らの過去が一つの「謎」として経験されている場合について論じ、人類学のテーマとしての

「歴史」について考えました。

6日目　現代の人類学はなぜ「人間以外の存在」に注目するのか？

２０００年代頃からの人類学の大きな流れとして、「人間だけに注目していては人間を理解することはできない」という考え方があります。これまでの人類学が、モノを、「文化」や「社会」という目に見えない体系に対して付随的なものとみなしていたのに対し、「モノのエージェンシー」論は、社会的な行為主体としてモノと人間が相互行為し合う領域を描き出しました。またマルチスピーシーズ民族誌は、人間とその他の生物が主体同士として相互行為する様子を描くことで、グローバルな気候変動の時代において人間とその他の生物の関係性を理解し直す方向性を示しました。講義ではそれらの研究事例を紹介しました。

7日目　現代の人類学はなぜ「自然」を考えるべきなのか？

グローバルな気候変動が深刻な問題となり、時に「人新世」とも呼ばれる現代において、これまで「自然」と呼ばれてきたものをどうとらえ直すかということは、人類学の中心的な課題の一つです。これまでの人類学は、「自然／文化」という近代的な切り分けに基づき、「多様な文化的見方」を自らの研究対象としてきました。今日では、そのような人類学には、急激に変化しうる「自然」をとらえることができないのではないか、という疑いが向けられています。講義では、インゴルド、ラトゥールや私自身のマライタ島の事例に即して、そうした切り分けを乗り越え、「人新世」的な「自然」をとらえうる人類学の可能性を探りました。

さて、1日目のはじめにも言いましたが、私はこの講義を通して、これまで人類学を学んだことがないみなさんに、「現代の人類学では、こんなにおもしろいことをやったり考えたりすることができる！」とお伝えしたいと願ってきました。講義の中では、私自身のマライタ島でのフィールドワーク体験についてたびたびお話ししてきました。そのように、時に世界の辺境と呼ばれるような場所に行って、現地の人たちと深く関わり合うことを通して、それまで考えたことがなかったことを考え、他者との間に新たな関係をつくり出す。7日間で学んでいただいたように、人類学とはまさしくそのような営みです。

私の考えでは、現代の世界において、そのような人類学という営みはこれまで以上に必要とされています。それはなぜかと言えば、端的に言って、現代の世界において、これまでの「当たり前」がいろいろな局面で崩壊しているからです。6日目に紹介したツィンの『マツタケ』というエスノグラフィーを思い出してください。そこでツィンは、グローバルな気候変動や環境破壊によって地球上の多くの生態系がボロボロになり、また、これまで信じられていた資本主義的な進歩と安定がもはや成り立たなくなっている現状において、人はどのように生きながらえていけばいいのだろうか、という問題提起をしていました。若者の不安定雇用は現代の日本でも話題になっていますし、そのような問題は決して他人事ではないですよね。そうした状況を生き延びていく上で、ツィンが見出したのが、世界各地における人々とマツタケの多様で偶発的な関わり合いであり、加えて、そのような関わり合いに気付くための人類学的なエスノグラフィーという方法でした。また、1日目のはじめに紹介した岡本太郎の「太陽の塔」を思い出してください。豊かな人類学的教養をもっていた岡本太郎は、1970年の大阪万博の当時、多くの人が信じていた「進歩と調和」という夢をひっくり返すものとして特異な造形を提示しました。そのように人類学は、多くの人がこれまで信じてきた「当たり前」が行き詰まっているときに、そうした行き詰まりを乗り越えるための、また別の可能性を提示することができる学問だと思います。そして、7日目で紹介した「人新世」などさまざまな危機が語られる現代において、そのような学問の必要性はこれまで以上に高まっていると思います。

いかがでしょうか。今、人類学を学ぶことにどのような意味があるか、この講義を通してわかっていただけたでしょうか？　人類学に興味をもった方は、主に4日目の講義で取り上げた、私の『不穏な熱帯――人間〈以前〉と〈以後〉の人類学』（河出書房新社、2022年）にもぜひチャレンジしてください。本格的な現代的エスノグラフィーのつもりです。

さらに言えば、私としてはみなさんに、人類学を単に教室で学ぶだけでなく、自らフィールドワークを行うことで、人類学者になってもらいたいと思っています。みなさんの中の1〜2人でもそうしてくれたらうれしいな、と思います。この講義では、人類学を、他の分野のように単に勉強する対象あるいは内容としてではなく、実際に自分でやってみるべきものとして提示してきたつもりです。2日目の授業でお話しした通り、いわゆる「異文化」の中での1〜2年におよぶ住み込み調査という体験は、人類学を他の学問とはまったく性質の違うものにしています。それまでの生活をいったんなげうって長期の調査に出かけるということは簡単なことではなく、例外ももちろんありますが、多くの人にとっては一生に一度しかできない体験です。私が人類学を学び始めた頃に習ったある先生は、「長期のフィールドワークは一生に一度しかできない。人類学を自ら実践することは若者の特権だ」と言いました。いかがでしょうか？この講義を受けて、自分もそうした知的冒険に飛び出そうとする人がいたらうれしいな、と思っています。

というわけで、私の講義は以上です。またどこかでお目にかかれることを願っています。

注

はじめに

1 本書の舞台として描かれている大学やその内部の組織は、すべてフィクションです。

1日目　人類学はどのように変化しつつあるか？

1 本章の内容は、里見龍樹 2022『不穏な熱帯——人間〈以前〉と〈以後〉の人類学』河出書房新社、第1章と部分的に重複します。

2 マリノフスキ、ブロニスワフ 2010『西太平洋の遠洋航海者——メラネシアのニュー・ギニア諸島における、住民たちの事業と冒険の報告』増田義郎（訳）、講談社。

3 デュルケーム、エミール 2014『宗教生活の基本形態——オーストラリアにおけるトーテム体系』山崎亮（訳）、筑摩書房。

4 ルソー、ジャン＝ジャック 2001『不平等論——その起源と根拠』戸部松実（翻訳・訳注・解説）、国書刊行会。

5 MacClancy, Jeremy (ed.) 2002 *Exotic No More: Anthropology on the Front Lines*, University of Chicago Press.

6 Faubion, James D. and George E. Marcus (eds.) 2009 *Fieldwork Is Not What It Used to Be: Learning*

Anthropology's Method in a Time of Transition, Cornell University Press.

7 春日直樹・竹沢尚一郎（編）２０２１『文化人類学のエッセンス――世界をみる／変える』有斐閣。

8 野田正彰 １９８１『狂気の起源をもとめて――パプア・ニューギニア紀行』中央公論社。

9 マライタ島における地名と人名はすべて仮名とします。

2日目 フィールドワークとはどのような営みなのか？

1 マリノフスキ、ブロニスワフ ２０１０『西太平洋の遠洋航海者――メラネシアのニュー・ギニア諸島における、住民たちの事業と冒険の報告』増田義郎（訳）、講談社。

2 前掲書、45ページ、強調原文。

3 前掲書、56ページ、ルビと強調を省略。マリノフスキの「不可量部分」の概念については以下も参考になります。箭内匡 ２０１８『イメージの人類学』せりか書房、第2章。

4 マリノフスキ、前掲書、56ページ。

5 前掲書、61ページ。

6 この点については以下が参考になります。佐藤知久 ２０１３『フィールドワーク２・０――現代世界をフィールドワーク』風響社。また、英語の文献としては以下があります。Gupta, AKhil and James Ferguson (eds.) 1997 *Anthropological Locations: Boundaries and Grounds of a Field Science*, University of California Press.

7 ２００７年、人類学を学び始めた私がはじめてフィールドワークを試みた伊豆諸島の青ヶ島は、当時これにかなり近い状況でした。

8 この節の内容は、一部で以下と重複します。里見龍樹 2014「サンゴ礁の海に暮らす」佐藤靖明・村尾るみこ（編）『衣食住からの発見』古今書院、170〜185ページ。

3日目 「文化」の概念はどこまで使えるのか？

1 ファディマン、アン 2021『精霊に捕まって倒れる――医療者とモン族の患者、二つの文化の衝突』忠平美幸・齋藤慎子（訳）、みすず書房。
2 前掲書、58ページ。
3 前掲書、34ページ。〔 〕内は引用者による。
4 前掲書、79ページ。〔 〕内は引用者による。
5 実際、『精霊に捕まって倒れる』には、科学的医療を相対化するような記述もたしかに見られます。自分で読んで探してみてください。
6 Kroeber, Alfred L. and Clyde Kluckhohn 1952 *Culture: A Critical Review of Concepts and Definitions*, Peabody Museum.
7 Tylor, Edward Burnett 1871 *Primitive Culture*, John Murray & Co., p. 1.
8 ここでは以下を参考に概念史を整理しています。ウィリアムズ、レイモンド 2011『［完訳］キーワード辞典』椎名美智・武田ちあき・越智博美・松井優子（訳）、平凡社。デスコラ、フィリップ 2019『自然と文化を越えて』小林徹（訳）、水声社。
9 ボアズについては以下が参考になります。竹沢尚一郎 2007『人類学的思考の歴史』世界思想社。奥野克巳 2023『はじめての人類学』講談社。

10　ミード、マーガレット　1976『サモアの思春期』畑中幸子・山本真鳥（訳）、蒼樹書房。
11　ベネディクト、ルース　2008『文化の型』米山俊直（訳）、講談社。
12　ベネディクト、ルース　2013『菊と刀——日本文化の型』越智敏之・越智道雄（訳）、平凡社。
13　ヴィヴェイロス・デ・カストロ、エドゥアルド　2015『インディオの気まぐれな魂』近藤宏・里見龍樹（訳）、水声社。
14　箭内匡　2002「アイデンティティの識別不能地帯で——現代マプーチェにおける「生成」の民族誌」田辺繁治・松田素二（編）『日常的実践のエスノグラフィ——語り・コミュニティ・アイデンティティ』世界思想社、214～234ページ。
15　前掲論文、217ページ。
16　前掲論文、223～224ページ。

4日目　人類学では文章などによる表現がなぜ大切なのか？

1　里見龍樹　2022『不穏な熱帯——人間〈以前〉と〈以後〉の人類学』河出書房新社。
2　里見龍樹　2017『「海に住まうこと」の民族誌——ソロモン諸島マライタ島北部における社会的動態と自然環境』風響社。
3　ギアーツ、クリフォード　2012『文化の読み方／書き方』森泉弘次（訳）、岩波書店。ただし、訳語を変更しました。
4　クリフォード、ジェイムズ、ジョージ・マーカス（編）　1996『文化を書く』春日直樹・足羽與志子・橋本和也・多和田裕司・西川麦子・和迩悦子（訳）、紀伊國屋書店。

5 プラット、メアリー・ルイーズ　1996「共有された場をめぐるフィールドワーク」多和田裕司（訳）、クリフォード、ジェイムズ、ジョージ・マーカス（編）『文化を書く』春日直樹ほか（訳）、紀伊國屋書店、51～92ページ。

6 エヴァンズ＝プリチャード、エドワード・E　2023『［新版］ヌアー族――ナイル系一民族の生業形態と政治制度の調査記録』向井元子（訳）、平凡社。

7 前掲書、33ページ。

8 前掲書、189ページ。

9 グリオール、マルセル　1981『水の神――ドゴン族の神話的世界』坂井信三・竹沢尚一郎（訳）、せりか書房。

10 正確には、オゴテメリによって開示されたのはドゴンの宇宙論のあくまで一部であるとされ、その後明らかになった内容が以下のエスノグラフィーにまとめられています。グリオール、マルセル、ジェルメーヌ・ディテルラン　1986『青い狐――ドゴンの宇宙哲学』坂井信三（訳）、せりか書房。

11 グリオール、『水の神』、30ページ。〔　〕内は引用者による。

12 クリフォード、ジェイムズ　2003「民族誌における権力と対話――マルセル・グリオールのイニシエーション」『文化の窮状――二十世紀の民族誌、文学、芸術』太田好信・慶田勝彦・清水展・浜本満・古谷嘉章・星埜守之（訳）、人文書院、75～120ページ。

13 Fabian, Johannes 1983 *Time and the Other: How Anthropology Makes Its Object*, Columbia University Press.

14 里見龍樹 2017『「海に住まうこと」の民族誌――ソロモン諸島マライタ島北部における社会的動態と自然環境』風響社、68～69ページ。注と外国語表記を省略。なお、ここで述べられている「親族集団の系譜や慣習的禁忌など伝統的知識の文書化」は、3日目の終わりに話した、マライタ島の人々自身による「調査」のルーツに当たると考えられます。

15 この文章は、以下の文章を改稿したものです。里見龍樹 2018「コラム 想起されるマーシナ・ルール」前川啓治・箭内匡・深川宏樹・浜田明範・里見龍樹・木村周平・根本達・三浦敦『21世紀の文化人類学――世界の新しい捉え方』新曜社、156～158ページ。また、ここで言及されているフォウイアシ島でのミサについては1日目にも言及しました。

5日目 人類学にとって歴史とは何か?

1 本章の内容は、『不穏な熱帯』第2～4章と部分的に重複します。

2 アリテ島に住んでいたイロイは、4日目の最後に紹介したエスノグラフィーで言及されていた、漁業組合のリーダーであった男性と同名の別人です。

3 モルガン、ルイス・ヘンリー 1958―61『古代社会』青山道夫(訳)、岩波書店。

4 ラドクリフ=ブラウン、アルフレッド 2002『新版 未開社会における構造と機能』青柳まちこ(訳)、新泉社。

5 マリノフスキ、ブロニスワフ 2010『西太平洋の遠洋航海者――メラネシアのニュー・ギニア諸島における、住民たちの事業と冒険の報告』増田義郎(訳)、講談社。

6 実際には、マリノフスキのフィールドワーク当時のマッシム諸島には、宣教師や真珠の交易人など、一定数のヨーロッパ人が居住しており、現地社会の変容が進みつつありました。このことは、マリノフスキの没後に刊行された『マリノフスキー日記』（1987年、谷口佳子〔訳〕、平凡社）に明らかです。

7 Thomas, Nicholas 1989 *Out of Time: History and Evolution in Anthropological Discourse*, Cambridge University Press.

8 Thomas, Nicholas 1991 *Entangled Objects: Exchange, Material Culture, and Colonialism in the Pacific*, Harvard University Press, pp. 110–118.

9 Rosaldo, Renato 1980 *Ilongot Headhunting, 1883–1974: A Study in Society and History*, Stanford University Press.

10 Rosaldo, Michelle Z. 1980 *Knowledge and Passion: Ilongot Notions of Self and Social Life*, Cambridge University Press.

11 サーリンズ、マーシャル　1993『歴史の島々』山本真鳥（訳）、法政大学出版局。

12 Price, Richard 1983 *First-Time: The Historical Vision of an Afro-American People*, Johns Hopkins University Press.

13 Ivens, Walter G. 1978(1930) *The Island Builders of the Pacific*, AMS Press, p. 43. 〔　〕内は引用者による補足。

6日目　現代の人類学はなぜ「人間以外の存在」に注目するのか？

1 Tsing, Anna Lowenhaupt 2012 "Unruly Edges: Mushrooms as Companion Species," *Environmental*

Humanities 1: 144.

2 栗原亘（編著）２０２２『アクターネットワーク理論入門——「モノ」であふれる世界の記述法』ナカニシヤ出版。

3 モノに着目する現代の人類学については、以下の論文集で概観することができます。床呂郁哉・河合香吏（編）２０１１『ものの人類学』京都大学学術出版会。床呂郁哉・河合香吏（編）２０１９『ものの人類学２』京都大学学術出版会。

4 Gell, Alfred 1998 *Art and Agency: An Anthropological Theory*, Oxford University Press. なお、ラトゥールとジェルを比較しつつ論じた以下の論文も参考になるでしょう。久保明教 ２０１１「世界を制作＝認識する——ブルーノ・ラトゥール×アルフレッド・ジェル」春日直樹（編）『現実批判の人類学——新世代のエスノグラフィへ』世界思想社、34〜53ページ。

5 Gell, 1998, p. 18.

6 Ibid., pp. 69–72.

7 Ibid., pp. 99ff.「傀儡人形の呪術」をめぐるジェルの議論については、以下に明晰な解説があります。なお、図も同論文を参考にして作成しました。石井美保 ２０１１「呪術的世界の構成——自己制作、偶発性、アクチュアリティ」春日直樹（編）『現実批判の人類学——新世代のエスノグラフィへ』世界思想社、181〜202ページ。

8 Gell, 1998, p. 103. 石井、前掲論文、187ページも参照。

9 久保、前掲論文、47ページ。

10 吉田ゆか子 ２０１１「仮の面と仮の胴——バリ島仮面舞踊劇にみる人とモノのアッサンブラージ

ュ」『文化人類学』76(1): 11-32.

11　ここでは立ち入りませんが、マルチスピーシーズ民族誌は、人間とその他の生物の関係性について鋭い考察を展開してきたフェミニズム理論家・科学技術論者、ダナ・ハラウェイから強い影響を受けています。たとえば以下の著作を参照してください。ハラウェイ、ダナ　2013『犬と人が出会うとき——異種協働のポリティクス』高橋さきの（訳）、青土社。ハラウェイ、ダナ　2013『伴侶種宣言——犬と人の「重要な他者性」』永野文香（訳）、以文社。

12　カークセイ、S・エベン、ステファン・ヘルムライヒ　2017「複数種の民族誌の創発」近藤祉秋（訳）『現代思想』45(4): 103.

13　前掲論文、96〜127ページ。

14　ブライドッティ、ロージ　2019『ポストヒューマン——新しい人文学に向けて』門林岳史（監訳）、フィルムアート社。

15　日本語での代表的な成果として、以下の論集が参考になります。近藤祉秋・吉田真理子（編）2021『食う、食われる、食いあう——マルチスピーシーズ民族誌の思考』青土社。

16　ウィラースレフ、レーン　2018『ソウル・ハンターズ——シベリア・ユカギールのアニミズムの人類学』奥野克巳・近藤祉秋・古川不可知（訳）、亜紀書房。

17　前掲書、11〜12ページ。

18　前掲書、19ページ。

19　チン、アナ　2019『マツタケ——不確定な時代を生きる術』赤嶺淳（訳）、みすず書房。

20　ツィン、アナ・ローウェンホープト　2017「根こそぎにされたランドスケープ（と、キノコ採集という穏やかな手仕事）」藤田周（訳）『現代思想』45(4): 128.

21 チン、前掲書、7ページ。ただしここでは原著から訳出しました。

22 本節の内容は、『不穏な熱帯』第5～6章でより立ち入って論じています。

23 正確には、マルチスピーシーズ民族誌の流れの中でも、人間とその他の存在の間の関係性の断絶に注目する議論はありました。それらをどう評価するかについてはさらなる議論を待ちたいと思います。

24 私が『不穏な熱帯』で、単なる語りではなく、5日目に紹介した寡黙なイロイのように、むしろ語りの不在・断絶や沈黙に注目していることに注意してください。そこで私は、関係性の広がりをたどる語りと、そうした語りが断絶することとの間の境界線に着目しています。私の考えでは、「岩」が育つことについてのアシの語りも、おそらくそうした境界線と関わっています。この点については以下の論文をも参照してください。里見龍樹　２０１９「「育つ岩」――コミュニケーション／エマージェンシーの限界をめぐる試論」杉島敬志（編）『コミュニケーション的存在論の人類学』臨川書店、166～198ページ。

7日目　現代の人類学はなぜ「自然」を考えるべきなのか？

1 3日目の講義で扱った「文化」にも劣らず、「自然」をうまく定義することは難しいようです。以下のように列挙によって定義する場合が多いことはそのあらわれでしょう。「山、川、海、草木、動物、雨、風など、人の作為によらずに存在するものや現象。また、すこしも人為の加わらないこと。また、そのさま。それらを超越的存在としてとらえることもある」（小学館国語辞典編集部編

２００６『精選版 日本国語大辞典』小学館、718ページ。

2 柳父章 １９７７『翻訳の思想――「自然」とＮＡＴＵＲＥ』平凡社。

3 Displacement Solutions 2017 *Solomon Islands: Climate Displacement in Lau Lagoon, Solomon Islands*, http://displacementsolutions.org/wp-content/uploads/2017/05/Climate-Displacement-in-Lau-Lagoon-Solomon-Islands-A-Photo-Essay.pdf、最終閲覧：２０２１年４月16日。

4 Ibid., p. 4.

5 Ibid., p. 9.

6 Ibid., p. 9.

7 Ibid., p. 5.

8 Ibid., p. 5.

9 Dickinson, William R. 2009 "Pacific Atoll Living: How Long Already and Until When?" *GSA Today* 19(3): 4–10.

10 「地球「12万年ぶり暑さ」 7月平均気温：古気候学者、温暖化に警鐘　米１・５億人に高温警報」『日本経済新聞』２０２３年７月31日、https://www.nikkei.com/article/DGKKZO73196930R30C23A7MM0000/、最終閲覧：２０２４年４月５日。

11 報道によると、「人新世」を新たな地質年代として認めるかどうかを審議していた地質学の国際的な専門家会議は、２０２４年３月にこれを否決しました（「新たな地質年代「人新世」否決？「投票規約違反」指摘、学会は調査」『朝日新聞デジタル』２０２４年３月７日、https://digital.asahi.com/articles/ASS376GMWS36ULBH00S.html、最終閲覧：２０２４年４月６日）。とはいえ、私たちが「人新世」が語られるような時代に生きていることは事実であり、ここではそうした認識に基づいて議論しています。

12 Crutzen, Paul and Eugene Stoermer 2000 "The Anthropocene," *Global Change Newsletter* 41(1): 17. ただし、訳文は以下に依拠しました。篠原雅武 2018『人新世の哲学——思弁的実在論以後の「人間の条件」』人文書院、76〜77ページ。

13 この点は、6日目の講義の最後に触れた、「人間との関係性から時に脱落する岩」というテーマとも関わっています。

14 Yusoff, Kathryn 2018 *A Billion Black Anthropocenes or None*, University of Minnesota Press.

15 ゴーシュ、アミタヴ 2022『大いなる錯乱——気候変動と〈思考しえぬもの〉』三原芳秋・井沼香保里(訳)、以文社。

16 前掲書、21〜22ページ、訳注を省略。

17 前掲書、32ページ。

18 前掲書、102〜103ページ。

19 ライエルらの地質学理論についての入門レベルの解説としては、以下を参照してください。コルバート、エリザベス 2015『6度目の大絶滅』鍛原多惠子(訳)、NHK出版、第3章。

20 これとは対照的に、「激変しうる自然」について科学哲学的に考えさせてくれる良書として、以下があります。中川毅 2017『人類と気候の10万年史——過去に何が起きたのか、これから何が起こるのか』講談社。

21 Ingold, Tim 2000 "Culture, Nature, Environment: Steps to an Ecology of Life," in *The Perception of*

the Environment: Essays on Livelihood, Dwelling, and Skill, Routledge, p. 15.

22 ラトゥール、ブルーノ 2008『虚構の「近代」——科学人類学は警告する』川村久美子（訳）、新評論。

23 モル、アネマリー 2016『多としての身体——医療実践における存在論』浜田明範・田口陽子（訳）、水声社。

24 Viveiros de Castro, Eduardo 2015 "Who Is Afraid of the Ontological Wolf?: Some Comments on an Ongoing Anthropological Debate," *The Cambridge Journal of Anthropology* 33(1): 4–6.

25 Braverman, Irus 2016 "Biopolarity: Coral Scientists between Hope and Despair," *Anthropology Now* 8(3): 26–40.

26 一例として、メラネシアについてのエスノグラフィーと現代ヨーロッパの生殖医療を並置し比較したマリリン・ストラザーンの研究が参考になるでしょう。Strathern, Marilyn 1999 *Property, Substance, and Effect: Anthropological Essays on Persons and Things*, Athlone Press.

27 そのような視点からの研究の一例として以下があります。竹内整一 2023『「おのずから」と「みずから」——日本思想の基層』筑摩書房。

28 秋草俊一郎 2011『ナボコフ 訳すのは「私」——自己翻訳がひらくテクスト』東京大学出版会。

ブックガイド――さらに学びたい人のために

○本書全体

ヴィヴェイロス・デ・カストロ、エドゥアルド　2015『食人の形而上学――ポスト構造主義的人類学への道』洛北出版
太田好信・浜本満（編）　2005『メイキング文化人類学』世界思想社
奥野克巳　2023『はじめての人類学』講談社
春日直樹（編）　2011『現実批判の人類学――新世代のエスノグラフィへ』世界思想社
里見龍樹　2017『「海に住まうこと」の民族誌――ソロモン諸島マライタ島北部における社会的動態と自然環境』風響社
里見龍樹　2022『不穏な熱帯――人間〈以前〉と〈以後〉の人類学』河出書房新社
竹沢尚一郎　2007『人類学的思考の歴史』世界思想社
箭内匡　2018『イメージの人類学』せりか書房

○1日目

春日直樹・竹沢尚一郎（編） 2021『文化人類学のエッセンス――世界をみる／変える』有斐閣
マリノフスキ、ブロニスワフ 2010『西太平洋の遠洋航海者――メラネシアのニュー・ギニア諸島における、住民たちの事業と冒険の報告』増田義郎（訳）、講談社

○2日目

岸政彦・石岡丈昇・丸山里美 2016『質的社会調査の方法――他者の合理性の理解社会学』有斐閣
佐藤知久 2013『フィールドワーク2・0――現代世界をフィールドワーク』風響社

○3日目

ヴィヴェイロス・デ・カストロ、エドゥアルド 2015『インディオの気まぐれな魂』近藤宏・里見龍樹（訳）、水声社
ファディマン、アン 2021『精霊に捕まって倒れる――医療者とモン族の患者、二つの文化の衝突』忠平美幸・齋藤慎子（訳）、みすず書房
箭内匡 2002「アイデンティティの識別不能地帯で――現代マプーチェにおける「生成」の民族誌」田辺繁治・松田素二（編）『日常的実践のエスノグラフィ――語り・コミュニティ・

アイデンティティ』世界思想社、214〜234ページ

○4日目

クリフォード、ジェイムズ、ジョージ・マーカス（編）　1996『文化を書く』春日直樹・足羽與志子・橋本和也・多和田裕司・西川麦子・和迩悦子（訳）、紀伊國屋書店
クリフォード、ジェイムズ　2003『文化の窮状——二十世紀の民族誌、文学、芸術』太田好信・慶田勝彦・清水展・浜本満・古谷嘉章・星埜守之（訳）、人文書院
グリオール、マルセル　1997『水の神——ドゴン族の神話的世界 新装版』坂井信三・竹沢尚一郎（訳）、せりか書房
レリス、ミシェル 2010『幻のアフリカ』岡谷公二・田中淳一・高橋達明（訳）、平凡社

○5日目

春日直樹　2001『太平洋のラスプーチン——ヴィチ・カンバニ運動の歴史人類学』世界思想社
サーリンズ、マーシャル　1993『歴史の島々』山本真鳥（訳）、法政大学出版局
保苅実　2018『ラディカル・オーラル・ヒストリー——オーストラリア先住民アボリジニの歴史実践』岩波書店

○6日目

ウィラースレフ、レーン　2018『ソウル・ハンターズ——シベリア・ユカギールのアニミズムの人類学』奥野克巳・近藤祉秋・古川不可知（訳）、亜紀書房

栗原亘（編著）　2022『アクターネットワーク理論入門——「モノ」であふれる世界の記述法』ナカニシヤ出版

近藤祉秋・吉田真理子（編）　2021『食う、食われる、食いあう——マルチスピーシーズ民族誌の思考』青土社

チン、アナ　2019『マツタケ——不確定な時代を生きる術』赤嶺淳（訳）、みすず書房

床呂郁哉・河合香吏（編）　2011『ものの人類学』京都大学学術出版会

床呂郁哉・河合香吏（編）　2019『ものの人類学2』京都大学学術出版会

○7日目

ゴーシュ、アミタヴ　2022『大いなる錯乱——気候変動と〈思考しえぬもの〉』三原芳秋・井沼香保里（訳）、以文社

コルバート、エリザベス　2015『6度目の大絶滅』鍛原多惠子（訳）、NHK出版

篠原雅武　2018『人新世の哲学——思弁的実在論以後の「人間の条件」』人文書院

中川毅　２０１７『人類と気候の10万年史――過去に何が起きたのか、これから何が起こるのか』講談社
橋爪太作　２０２４『大地と星々のあいだで――生き延びるための人類学的思考』イースト・プレス
モル、アネマリー　２０１６『多としての身体――医療実践における存在論』浜田明範・田口陽子（訳）、水声社
ラトゥール、ブルーノ　２００８『虚構の「近代」――科学人類学は警告する』川村久美子（訳）、新評論

あとがき

こうして3冊目の単独での著書を無事に書き上げることができ、今はひとまずほっとしている。

本書を書こうと思った動機はいくつかある。第一に、2022年の末、私は本書の「4日目」などで言及した『不穏な熱帯——人間〈以前〉と〈以後〉の人類学』（河出書房新社）というエスノグラフィーを出版した。人類学を専門としない多くの読者にも読める本をと意図していたが、結果的に同書は、ある程度人文書に親しんでいる読者でないと読めないような本になってしまっていた。私が勤めている早稲田大学人間科学部の学生たちからも、「難しすぎて読めない」という声が少なくなかった（これを聞いて、私の知人のある編集者は「日本の将来が心配になる」と述べたが）。私の想定が甘かったと認めざるをえない。そうした反省を踏まえ、本当に高校生でも読めるようなかたちで私自身の人類学を伝えたいと思ったのが、本書執筆の大きな動機である。「1日目」でも述べた通り、20代も終わりになって人類学をゼロから学び始めた私から、人類学を専門としない読者たちへのメッセージとして、本書を受け取っていただければ幸いである。

もう一つの付随的な動機として、私自身が学部の人類学教育で使いたいと思える教科書――とくに、現代人類学の考え方を伝える教科書――があまりないことが挙げられる。例外的に私が気に入っている教科書として、佐藤知久氏の『フィールドワーク2・0――現代世界をフィールドワーク』（風響社、2013年）がある。同書は、本書でも論じたような人類学の現代的変容について、誰にでもわかるように解説した良書である。私自身、学部教育で同書をたびたび使ってきたし、本書を書く上でも念頭に置いていたが、同書は現在では入手困難なようである。それでは自分で教科書を書こうというのが、本書の成立に至るもう一つの動機であった。なお、本書は実際の講義録ではないが、本書中で学生たちの発言として書いてある言葉は、多くは早稲田大学人間科学部の学生たちの過去8年間の発言を参考にしたものである。その点も含め、本書は全体として同学部での教育経験を反映したものとなっている。私に多くを教えてくれた学生たちに、この場を借りて感謝したい。

なお、本文中でも注記した通り、本書と先述の『不穏な熱帯』との間には多少の内容上の重複がある。とはいえ、そもそも本書は同書とはまったく異なる読者を想定して書かれているので、その点についてはご了承いただきたい。加えて、本書は『不穏な熱帯』の単なる焼き直しではなく、同書において行間で暗示するにとどまっていた事柄を明示化することを、いくつもの箇所で試みている。「4日目」で扱った、「なぜ私が文章にこだわるのか」といった点がそれに当たるが、その意味で本書は、一面で『不穏な熱帯』の舞台裏を明かすものとなっている。

本書は、本文中でも述べたように、人類学に半ばアマチュアとして――すなわち、人類学にはあくまで片足しか入れていない状態で――関わってきた立場から書かれたものである。もし人類学の専門家が書いたならば、本書はまったく違った内容になっただろう。たとえば「4日目」で民族誌的表象の問題を扱っていることについて、人類学の専門家たちは「時代遅れではないか」といぶかるかもしれない（『不穏な熱帯』に対しても同様な反応が寄せられた）。しかし、私がふだん教えている人間科学部の学生たちは、どちらかと言えば実証主義に染まっているため、それに収まらない現代人類学のスタイルに対して違和感を表明する場合が多い。そのような学生に対し、私は日頃から、現代の人類学における表現や表象の問題について言葉を尽くして説明する義務を負っている。その意味でも、本書は学生たちとの非専門的な対話の産物である。

本書で採用した会話体の講義形式について言えば、これは一つには、野家啓一氏の『歴史を哲学する――七日間の集中講義』（岩波書店、2016年）にならったものである。といっても、野家氏の著書の魅力と深みには及ぶべくもないのだが。

最後に、本書の担当編集者、岸本洋和さんとの関係について記しておきたい。岸本さんは私にとって、学部4年生のときに知り合った友人である。学部生活の終わり近くになってできた友人であったが、1960～70年代アメリカ西海岸のロック・バンド、ザ・バーズへの好みを共有していることですぐに親しくなった。この当時、私はカリフォルニア大学バークリー校への留学から帰国したばかりだった。岸本さんは、カリフォルニアの空気を全身にまとっていた（かどうかは知らないが）私に、ザ・バーズと同じく西海岸を代表するグループ、ビーチ・ボーイズを熱心に推してきたが、当時の私はそれになびかず意固地にザ・バーズを聴き続けた。当時私は社会学の、岸本さんは人類学の学生だった。当時の私はまだ熱心に社会学を学んでおり、まさか人類学を学ぶことになるとは――ましてや、岸本さんの下で人類学の本を出版することになるとは！――夢にも思っていなかった。

それから十数年経って、『不穏な熱帯』の出版を機に、私と岸本さんは再会することになった。私が登壇したある出版記念イベントの会場で岸本さんに会った際、あまりに久しぶりなので私は彼だとわからなかったくらいである。岸本さんはこの再会の当初から新書出版の腹案をもっていたようだが、右で書いたような動機を私が抱きつつあったため、この企画はほとんど阿吽《あうん》の呼吸で進むことになった。本書の制作に当たっての岸本さんのご尽力に、この場を借りて感謝したい。

平凡社新書は、日本の人類学者たちにとっては、渡辺公三氏の『闘うレヴィ＝ストロース』（2009年）やモース研究会の『マルセル・モースの世界』（2011年）などの名著で知られている。本書がこれらと同列だとはとうてい思えないが、私としては一時、本書を平凡社から出版できることの喜びを嚙みしめたいと思っている。

私自身の今後の仕事について言えば、「7日目」の最後で紹介したような、サンゴ礁を切り口にマライタ島と現代科学を対称的に記述するという民族誌への取り組みを、いよいよ本格化させたいと考えている。すでに日本中を飛び回ってサンゴ礁科学の現場を取材しているし、マライタ島にも数年ぶりに渡航するつもりである。この新しいエスノグラフィーが日の目を見たら、読者にはぜひ手に取っていただきたいと願っている。そして冒険は続く……。

2024年7月

里見龍樹

【著者】
里見龍樹（さとみ りゅうじゅ）
1980年東京生まれ。東京大学教養学部卒業。同大学院総合文化研究科超域文化科学専攻博士課程単位取得退学。博士（学術）。早稲田大学人間科学学術院教授。専門は人類学、メラネシア民族誌。著書に『「海に住まうこと」の民族誌』（風響社、第45回澁澤賞、第17回日本オセアニア学会賞受賞）、『不穏な熱帯』（河出書房新社、紀伊國屋じんぶん大賞2024入選）、『21世紀の文化人類学』（共著、新曜社）。訳書にマリリン・ストラザーン『部分的つながり』、エドゥアルド・ヴィヴェイロス・デ・カストロ『インディオの気まぐれな魂』（共訳、いずれも水声社）がある。

平凡社新書1071
入門講義 現代人類学の冒険
発行日——2024年11月15日　初版第1刷

著者————里見龍樹
発行者———下中順平
発行所———株式会社平凡社
〒101-0051 東京都千代田区神田神保町3-29
電話 （03）3230-6573［営業］
ホームページ https://www.heibonsha.co.jp/
印刷・製本—株式会社東京印書館
装幀————菊地信義

ISBN978-4-582-86071-9